国家社会科学基金青年项目（项目批准号：16CJL011）
中央高校基本科研业务费专项资金项目（项目批准号：2022ZYYB...）
陕西师范大学国际商学院一流学科学术著作出版基金

中国经济增长潜力与生产要素配置优化研究

谢攀◎著

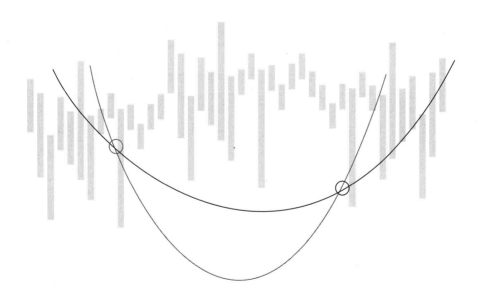

陕西师范大学出版总社

图书代号　ZZ23N1880

图书在版编目(CIP)数据

中国经济增长潜力与生产要素配置优化研究／谢攀
著. —西安：陕西师范大学出版总社有限公司,2023.11
　ISBN 978-7-5695-3937-0

　Ⅰ.①中… 　Ⅱ.①谢… 　Ⅲ.①中国经济—经济增长—
研究 ②中国经济—生产要素—配置—研究　Ⅳ.①F124.1
②F224.0

中国国家版本馆 CIP 数据核字(2023)第 193786 号

中国经济增长潜力与生产要素配置优化研究

ZHONGGUO JINGJI ZENGZHANG QIANLI YU SHENGCHAN YAOSU PEIZHI YOUHUA YANJIU

谢　攀　著

责任编辑	于盼盼
责任校对	刘金茹
封面设计	鼎鑫设计
出版发行	陕西师范大学出版总社
	（西安市长安南路 199 号　邮编 710062）
网　　址	http://www.snupg.com
印　　刷	陕西隆昌印刷有限公司
开　　本	787 mm×1092 mm　1/16
印　　张	11.25
字　　数	200 千
版　　次	2023 年 11 月第 1 版
印　　次	2023 年 11 月第 1 次印刷
书　　号	ISBN 978-7-5695-3937-0
定　　价	68.00 元

读者购书、书店添货或发现印装质量问题,请与本社高等教育出版中心联系。
电话:(029)85303622(传真)　85307864

前　　言

中国实际 GDP 增长率由 2007 年的 14.2% 降低至 2022 年的 3.0%。与此同时,不论是三大产业增加值增速,还是投资、消费、进出口贸易增速,或工资增速、资本回报率和税收收入增速等,均呈现出不同幅度下降。判断经济增速的合意性,不仅要看经济增长率绝对水平的高低,更要看实际经济增长率与潜在经济增长率的相对高低。正是因此,潜在增长率成为经济研究和政策讨论的核心问题。从短期看,潜在增长率水平直接影响到对产出缺口和宏观经济景气程度的判断,进而影响着财政货币等政策的定调和力度把握。从中长期看,潜在增长率关系到对国家发展战略规划的研判部署以及公共政策的统筹制定。

围绕中国经济潜在增长率问题,经济学界进行了大量研究,在取得若干共识的同时也仍存在不少分歧。鉴于此,与以往文献不同,本书围绕资本、技术、劳动等核心要素的供给和需求,在系统梳理近年中国经济增长潜力研究文献的基础上,沿着潜在经济增长率测算与增长要素分析两条主线展开探索,将资本异质性、资本利用率、物质资本与人力资本、企业税负、产业结构等因素引入对潜在产出和经济增长的分析,从而深化对中国经济增长减速问题的认识,为未来相关研究拓展提出方向性建议,并为中长期前景研判和相关政策制定提供参考。

本书的出版要感谢陕西师范大学国际商学院一流学科学术著作出版基金资助。另外,特别感激曾教授过我政治经济学、产业经济学、宏观经济学、计量经济学的授业恩师们(以时间先后为序):姚慧琴、惠宁、李文溥、龚敏、卢盛荣、刘榆、踪家峰,以及李静、王燕武、李鑫、王俊海等学姐学长。他们的谆谆教诲和不吝赐教,至今仍历历在目。

陕西师范大学国际商学院领导与学术委员会专家对本书的写作给予了大

力支持与鼓励。另外,西安外国语大学张小筠副教授、上海黄金交易所辛明辉博士、山西师范大学芦婷婷博士、中国邮政储蓄银行任之力、西安交通大学博士生拓晶晶、北京元年科技股份有限公司张伊娜协助制作了部分图表,并参与初稿探讨,使我受益匪浅,在此由衷地表示感谢。当然,文责自负。

特别感谢陕西师范大学出版总社于盼盼编辑及其同仁们,为本书的编辑、校对提出了许多宝贵意见和建议,并付出辛勤的劳动。

最后,还要感谢我的家人,没有父母的关心、理解和支持,就不可能有本书的如期出版。

谢 攀

2023 年 5 月于西安

目 录

第三篇 经济增长要素分析

第四篇　总结与对策

第一篇
概述与文献回顾

>>>

第1章

绪　论

当前,国际经济环境复杂多变,国内经济下行压力加大,各类风险挑战明显增多,中国经济航船能否保持正确的航向事关全局。中国经济增长的潜力如何,制约中国经济的潜在增长率的主要因素有哪些,中国经济怎样摆脱"速度情结"和"换挡焦虑"?

针对这些问题,在全面梳理当前估算潜在增长率主要方式和方法的基础上,本书从凯恩斯主义和新古典主义等经济理论出发,围绕资本、技术、劳动等核心要素的供给和需求,剖析制约经济增长潜力重要因素及影响机制。首先,本书根据对中国经济特征事实的研判,采用结构式宏观计量模型、情景模拟等方式,展望中国经济的中长期增长前景,探索改进要素配置的结构调整效应;其次,本书既关注要素供求规模,又通过引入产能利用率、资本利用率,区分建筑资本和设备资本、物质资本与人力资本等方式,聚焦要素质量和供求结构失衡对潜在产出和产出缺口的影响;最后,通过揭示不同产业结构时期劳动份额的变化规律、识别提高政府基础研究支出对经济增长的作用、解析供给体系质量的技术动因和制约因素,提出新形势下稳定增长潜力的实现途径。

本书围绕总研究目标,沿着两条主线展开研究(图1-1)。第一条主线——潜在经济增长率测算问题,先从短期视角考察融入货币因素后的季度潜在产出和产出缺口影响因素的时变特征;再从中长期视角,结合供给侧结构性改革背景,分析改善产能利用水平、调整物质资本与人力资本配置对潜在产出的影响,并展望不同情景下未来十年潜在经济增长率。第二条主线——经济增长要素分析问题,分别从资本、劳动、技术等要素入手,针对资本利用、劳动报酬、基础研究等制约中国经济增长潜力的重点、难点问题开展研究,明晰推进要素市场化改革的政策方向和着力点;根据以上研究,指明构筑高质量供给体系,激发创新动力,稳定增长潜力的实现途径。本书各章节主要内容及其与总研究目标的对应关系如下:

第2章 潜在产出测算的回顾、反思与展望。梳理国内外潜在产出的研究动态,反思可能存在的不足,并尝试从供给和需求结合的视角对潜在产出赋予"可持续性"的内涵。从学术史层面,为全书的展开论述提供相关文献的回顾和评述。

第3章 货币供应、产出缺口与经济波动——基于中国季度数据的实证研究。基于通胀率、实际产出、失业率和广义货币供应量等数据,构建结构向量自回归(SVAR)模型,测度了中国季度产出缺口,并在带有随机波动的时变参数结构向量自回归(TVP – SVAR – SV)模型中,采用马尔科夫链蒙特卡洛(MCMC)方法,揭示实际产出影响因素的时变特征。本章与总研究目标的关系是,在经济周期与金融周期交织的背景下,从产品市场、劳动力市场和金融市场三部门均衡的视角赋予潜在产出新的内涵,以 M2 为代表的金融因素引入传统的三变量(通胀率、实际国内生产总值和失业率)SVAR 模型,重新估计中国季度产出缺口,剖析重大经济事件引发的冲击对产出波动的传导路径,为完善逆周期的宏观调控政策,增强中国经济韧性提供经验证据。

第4章 异质性资本、产能利用与中国潜在产出——基于状态空间模型的估算与展望。考虑到不同时期资本利用水平的差异,以及不同类别资本蕴含的生产率变化的异质性,将产能利用率、设备资本、建筑资本引入时变要素产出弹性的状态空间模型,测算了1981—2017 年中国的潜在产出和产出缺口,并在研判劳动投入、资本存量、全要素生产率、产能利用率等变量发展趋势的基础上,设计基准、悲观和乐观三种情景,展望未来十年不同情景下中国潜在经济增长率。本章与总研究目标的对应关系是,从实物资本细分入手,考察不同类别资本利用水平及其产出弹性差异对潜在产出的影响。

第5章 资本要素结构优化的再配置效应研究——基于产业内物质资本与人力资本的视角。基于扩展的 MRW 模型,测算了中国 1978—2015 年实际产出与最优产出之间的缺口以及矫正要素投入扭曲的再配置效应。研究发现:三次产业内物质资本和人力资本错配导致的产出损失率分别以 1999 年、2000 年和 1995 年为拐点,后一阶段较前一阶段均有所下降。研究焦点从狭义的实物形态资本利用对潜在产出的影响进一步拓展到广义的实物形态与抽象形态相结合的资本结构优化对潜在产出的影响,系统量化三次产业的物质资本与人力资本错配水平,揭示了矫正两类资本配置扭曲对产出增长的再配置效应,进而将乔红芳和沈利生(2015a)对潜在产出变化的观察从地域维度拓展至产业维度。

第6章 中国资本利用率、企业税负与结构调整——基于内生化资本利用率的视角。从资本要素着眼,基于动态随机一般均衡模型,通过将资本利用率内生化,分析了技术进步冲击、固定资产加速折旧以及调整企业所得税率等政策对资本利用率、经济增长以及经济结构调整的影响。本章与总研究目标的对应关系是,通过校准模型和模拟分析,揭示资本利用率的决定因素,进一步分析中国经济增长过程中资本利用率与资本积累规模之间的关系,探讨财政税收政策优化对资本利用率进而对经济结构调整的影响机制和实际效果。

第7章 产业结构与劳动份额的统一性研究——基于要素替代弹性视角的理论模型解释。从劳动要素着眼,通过构建两部门动态随机一般均衡模型,分析在要素替代弹性影响下产业结构和劳动份额的变化规律。本章与总研究目标的对应关系是,考虑部门间要素替代弹性差异对产业结构和劳动份额变化的影响,提出通过增加劳动力供给、矫正要素市场扭曲等措施以减弱资本对劳动的过度替代,厘清产业结构变迁与劳动份额变化的协同机理,对优化劳动要素中长期供给,稳定消费需求改善的收入基础具有重要意义。

第8章 政府基础研究是否有助于经济增长——基于创新驱动增长理论模型的一个扩展。从技术因素着眼,对Romer(1990)和Jones(1995)的创新驱动增长理论模型予以扩展,将研发部门扩展为基础研究部门和私人研发部门,将政府研发支出细分为基础研究支出、私人研发部门补贴和消费性公共支出,将劳动力细分为非熟练工人和科研人员且两者不可替代,分析提高政府基础研究支出比例对经济增长的影响,指明政府消费性公共支出会抑制政府基础研究对经济增长的推动作用。本章与总研究目标的关系是,在当前中国原始创新能力不足和关键核心技术受制于人的严峻形势下,为政府加大基础研究经费支出,优化研发政策,进而夯实长期增长的技术根基提供专业理论和实证支撑。

第9章 中国高质量供给体系:技术动因、制约因素与实现途径。分析高质量供给体系的技术动因及其演进特征,并针对全球价值链的低端锁定、关键技术标准制定缺位、知识产权制度薄弱和设备质量监测体系滞后等制约因素,提出提升中国供给体系质量,实现供需动态匹配的一揽子政策。本章与总研究目标的关系是,紧扣供给面和需求面因素,结合第 3 章至第 8 章的研究发现,为推动中国迈向高质量发展、稳定潜在经济增长率建言献策。

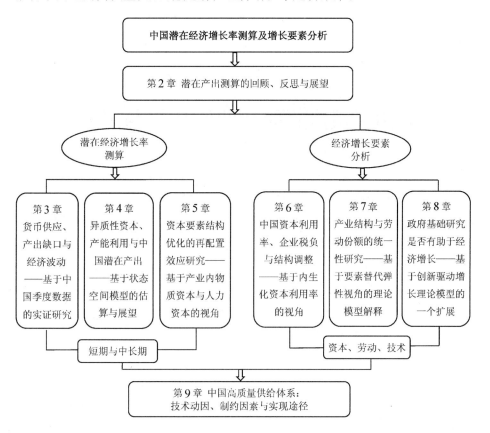

图 1-1　各章与总研究目标的对应关系

第2章

潜在产出测算的回顾、反思与展望

产出缺口是判断经济形势,制定宏观政策的重要依据。本章系统梳理国内外研究动态,并从供给和需求结合的视角对潜在产出赋予"可持续性"的内涵。在增速变化、结构升级和动力转变的背景下,应将"货币中性"纳入对中国潜在产出测算的考量,引入信贷缺口、房地产价格缺口等指标,重视微观主体行为决策特征演变对经济内在驱动机制的影响,进而建立基于劳动力市场、产品市场和金融市场的一般均衡模型,提高潜在产出估计的准确性和稳健性。

2.1 引言

产出缺口与价格总水平、就业状况等密切相关,是判断经济形势,制定宏观政策的重要依据。在实际经济增速逐年回落的背景下,学界对中国未来能否实现中高速增长存在分歧。一些学者和机构持悲观态度,认为除非彻底改革财政体制、国有企业,斩断政府有形之手(向松祚,2016),否则,中国经济增速将会断崖式坠落到3%~4%;也有一些学者相对乐观,认为经济增速下滑主要是受外部因素的影响,未来20年还将升回到8%以上(林毅夫,2016);另一些中性的看法是,中国经济已告别"高投资、高出口、低消费",进入增速在6%~7%之间的中高速增长阶段,只有采取扩张性的财政政策,通过大规模的刺激措施,才能恢复市场信心(余永定,2016)。

辨析上述争论的关键在于:如何认识以往的潜在产出水平,进而探索出适合中国新常态下的潜在增长率测算体系。潜在产出的分析始于奥肯对美国经济的观察,此后,凯恩斯学派和新古典学派展开了持续的研究(Scacciavillani &

Swagel,2002）。经济稳定时期,基于有效市场、萨伊定律、经济长期均衡前提下建立起来的测算方法得到过验证（刘元春和杨丹丹,2016）。但是,此次国际金融危机中,传统方法频频遭遇预测失灵,主要经济体逆周期操作效果迟迟不见起色,这些都凸显了重新审视潜在产出内涵,并完善测算体系的重要性。

与以往文献不同,本章的研究贡献在于:第一,在系统梳理国内外潜在产出测算领域研究成果的基础上,从供给和需求相结合的新视角,强调后金融危机时代应赋予潜在产出"可持续性"的要义,加深对潜在产出内涵的认识;第二,建议将"货币中性"纳入对中国潜在产出测算的考量,引入信贷缺口（credit gap）、房地产价格缺口（house price gap）,建立基于劳动力市场、产品市场和金融市场的一般均衡模型,为新常态下产出、通胀、就业与金融深化之间关系的研究指出新的方向;第三,在增速变化、结构升级和动力转变的背景下,应重视家庭、企业等微观主体行为决策特征演变对经济内在驱动机制的影响,从而夯实估算的微观基础,提高经济增长潜力估计的精度和稳健水平。

2.2　潜在产出测算的回顾

随着宏观经济理论的发展,潜在产出的测算经历从总量法下的统计分解到构建结构化模型,重新对其认识的过程。其中,代表性方法可归纳为以下三类。

2.2.1　随机波动的时间序列

一些观察发现产出序列存在非平稳特征,既有确定性趋势,也包含随机因素。假设实际产出为一阶单整过程,Beveridge 和 Nelson（1981）将产出分解为确定性趋势、随机趋势和周期成分,并证明产出可分解为持久成分（确定性趋势与实际冲击及其积累效应形成的随机趋势）与短期成分（名义冲击形成平稳过程）之和。据此,Taylor（1993）剔除周期性波动后得到美国的潜在产出为 2.2%,并设定短期利率政策调整的规则。在中国则发现产出存在稳健的确定性趋势,随机冲击对经济增长的影响偏负面（王少平和胡进,2009）。

同时,结合 Harvey – Clark 模型和状态空间模型（Harvey,1985;Clark,1987）,实际产出还可分解为随机游走的趋势项和服从有限阶自回归过程的波动项。刘桑等（2014）注意到实际产出的周期性波动存在非对称性,测算中国1992—2012 年的潜在经济增长率约为 9.8%。此外,小波降噪法因能同时反映时间序列时域(time domain)和频域(frequency domain)两个维度的变化,尤其是对通胀预测能力和估计稳定性上相对占优的特性也引起一些学者的重视(杨天宇和黄淑芬,2010)。但是,将产出时间序列从时域转换为频域时,可能会丢失部分时域信息,不利于明确政策指向。

2.2.2　缓慢变动的时间趋势

另一些基于谱分析的方法主张产出趋势既非恒定,也非随机,而是呈现缓慢变动的特征。其中,高通滤波(High – Pass Filter)可分离出周期在8年以下的高频成分(Hodrick & Prescott,1997),但是,必须在趋势要素对实际序列跟踪水平和平滑程度之间做出权衡(郭庆旺和贾俊雪,2004;张连城和韩蓓,2009)。

为克服这一弊端,带通滤波(Band – Pass Filter)将产出时间序列看作不同频率的叠加。先分离出中间频率的部分(波长在6～32个季度之间的经济周期波动成分),再去掉高频成分(季节因素和随机扰动)和低频成分(增长趋势),余下的即为潜在产出。实践中,作为理想带通滤波的有限移动平均近似,BK 滤波滞后期选择较长时,过滤效果较好,但观察值损失也较大(Baxter & King,1999)。为弥补这一不足,Christiano 和 Fitzgerald(2003)放弃了平稳性和对称性假设,利用整个样本信息,处理平稳和非平稳两种数据,避免了对高频不规律扰动的遗漏,增强了估计的精确性。不过,所有非平稳过程都产生于随机游走的假设在理论上很难站住脚(Iacobucci & Noullez,2005),尤其对于年度数据而言,所有高频成分都可看作是经济周期的波动,从而降低了频率分解的必要性。对中国潜在产出的估计表明,BK 滤波与经过 Ravn 等(2001)调整后的 HP 滤波结果十分接近(王霞和郑挺国,2010),但 BK 滤波损失样本较多。因此,对年度宏观变量的时间序列进行2～8年频段的过滤时,HP 滤波和 CF 滤波更为合适。

2.2.3　结构向量自回归的估计

基于结构向量自回归(SVAR)模型的估计,产出的短期波动被视为由暂时性需求冲击造成,长期变化则由持久性的供给冲击引起,去除暂时性需求冲击形成周期性成分,得到潜在产出。据此,Blanchard 和 Quah(1989)较早建立了潜在产出与失业率之间的向量自回归方程。与其他方法相比,基于 SVAR 的估计结果具有较好的稳定性,但是,非加速通货膨胀的失业率(NAIRU)与实际产出之间存在稳定关系的假定较强。财政和货币政策目标的改变、金融中介的发展、技术进步和组织变迁引起投入产出联系的改变,都将使变量间的协方差不再稳定,导致估计结果的偏差。因此,构建结构向量模型时要尽可能反映转型特征,还应注意引入变量的最佳个数和实际产出的时间间隔的选择。实证结果表明,两变量(实际 GDP 和通货膨胀率)SVAR 模型短期预测能力较好,而三变量(实际 GDP、通货膨胀率和失业率)SVAR 模型对长期预测能力较好(赵昕东,2008a;郭红兵和陈平,2010)。

2.3　潜在产出测算的研究进展与反思

总量法因缺乏经济理论支持而备受争议,近来,越来越多的研究开始将统计分解与经济结构特征相结合,在主流理论框架下重新估算潜在产出水平及变化趋势。

2.3.1　基于生产函数的估计

以往研究习惯沿用永续盘存法的逻辑,依据投资隐含平减指数,推算固定资产形成总额,进而考察投资流量(靖学青,2013);依据 5% ~ 10% 的几何效率递减假设,推算折旧规模。不过,周而复始的产能过剩危机突显了资本利用水平和经济结构转换的重要性。于是,现有文献从这两个角度进行拓展。其一,发现资本积累对经济增长的作用不仅取决于资本存量的规模及结构,而且与资本利用的程度息息相关,因此,一些研究开始将折旧率视为资本利用率的函数,进而分析资本利用程度对资本积累和产出增长的影响,为折旧率内生化的研究指出一个崭新的方向(龚敏等,2016);其二,将生产函数从固定弹性扩展至时变弹性(或动态弹性),并在分析框架中融入结构变化因素,从而把近十年来潜在增长率的下降归因于资本存量增速的下降(郭晗和任保平,2014),而且预测资本投入对未来经济增长的贡献将继续减弱,劳动力数量的变化也会对经济增长产生负面影响(吴国培等,2015)。

2.3.2　改进奥肯定律的估计

Van Norden(1995)较早将奥肯定律(Okun's Law)引入对通货膨胀率变化与失业率之间关系的考量,将菲利普斯曲线转变为刻画通货膨胀率与产出缺口指数之间的关系。事实上,改进奥肯定律的关键在于如何确定实际产出增长与潜在产出增长背离对失业率的影响程度。美、英等国家的实践表明,随着产品市场竞争加剧,企业对工作安全度的承诺降低,政府对雇佣和解雇法规的限制减弱,就业对产出波动的反应变大。对中国观察的结果与此相似,更重要的是,农业与非农部门的边际产出相差很大,就业变化和失业变化不对等。因此,在两部门的就业增长率的决定过程中,除了本部门的失业率、劳动增长率,部门间的人口转移也十分重要。尤其是金融危机以来,随着"人口红利"消失和新型城镇化建设加快,劳动力增长已跨过"刘易斯拐点"(高铁梅和范晓非,2011),经济结构从二元向一元过渡,农村剩余劳动力从加速转移到接近枯竭,地方保护下扭曲的要素价格加剧劳动力资源误置。传统产业冗员密集与新兴产业人才短缺的矛盾决定,既要注意户籍制度、延迟退休、社保转移等改革引起的区际间劳动力流动对劳动参与率的作用,又要重视产业间劳动力供需结构差异及再配置效应对奥肯定律系数的影响。

2.3.3 基于多变量动态系统的估计

为填补单变量滤波对其他经济信息关注的不足,多变量动态系统加入关联产出、失业率和通货膨胀率的理论方程,将潜在产出构造为状态空间模型中不可观测的随机趋势,运用极大似然法或结合实际数据和先验信息的贝叶斯法来估计系统的结构参数。据此,张金清和赵伟(2009)较早将开放条件的菲利普斯曲线引入估算潜在产出。2008 年国际金融危机后,Benes 等(2010)指出中国的潜在经济增长率一路降至6%。国际货币基金组织(2015)对 16 个国家的潜在产出分析认为,发达经济体(如加拿大等)的周期性冲击反映在趋势的波动上;新兴市场经济体(如巴西等)的冲击则蕴含在趋势的周期性变动中。相较于传统滤波方法,多变量动态滤波提高了数据间的相关性,不过,末尾样本(end-point)问题仍有待进一步克服。

2.3.4 基于动态随机一般均衡的估计

随着新凯恩斯主义的发展,尤其是国际金融危机后,逆周期政策效力持续下降的窘境促使一些学者开始根据不同的时间跨度和政策目标来重新审视潜在产出。比如:潜在产出趋势值被视为具有随机平衡增长路径模型特征的持久随机技术冲击的序列(Smets & Wouters,2003),对应的产出缺口由周期波动成分来衡量;其有效值是在商品市场和劳动力市场完全竞争,不存在价格和工资黏性的前提下,供需均衡时实现的产出水平,与之对应的产出缺口,衡量了市场的不完全竞争性、价格和工资黏性的程度;其自然值则是指在价格和工资不存在黏性(Kiley,2013),但是,商品市场和劳动力市场存在不完全竞争的前提下,均衡所达到的产出水平,对应的产出缺口衡量存在名义价格黏性的情况。

诚然,DSGE 框架包含较多的外生冲击与微观个体的行为假设,增加了参数识别的难度,可能引起模型设定与估计有效性之间的矛盾(Hirose & Naganuma,2007),甚至导致测算不够稳健(Vetlov et al.,2011)。但也有研究表明,该方法的估计结果具有较强的稳健性(Andrés et al.,2005),能较好地洞悉宏观经济趋势,尤其是对通胀的预测能力。毋庸置疑的是,高度精细化的微观结构设定增强了模型对现实的刻画能力,为宏观变量的变动路径提供了丰富的经济解释。信息技术革新催生"互联网 +"与传统产业加快融合,要素再配置将引起商业模式、产业格局重构,应重视投资专有技术的变化、外生结构性冲击(比如价格和工资加成)不足和贝叶斯估计不完整性的影响,从而在动态一般均衡框架中融入经济新常态下的新特征,提高测度的有效性和稳定性。

2.4　展望:供需结合的新视角

现有的国内外文献从诸多层面估计潜在产出,但仍存在改进空间。从供给的角度,利用生产函数的估算由于资本存量核算(如折旧率外生给定)的争议和自然失业率的缺失,特别是要求宏观经济变量之间存在相对平稳关系的假设不成立,使得对发达经济体适用的方法对转型经济体不能直接套用。从需求的角度,一些研究虽然考虑了城乡差异、资本配置效率等因素对潜在经济增长率的影响(殷德生,2014),但是忽略了一般形式的菲利普斯曲线或奥肯定律对中国的适用性;或者仅关注通货膨胀率的变化,将潜在产出视为非加速通货膨胀下的产出。而 2008 年的国际金融危机证明金融失衡存在时,即使通胀率稳定在较低水平,潜在产出增长仍可能在不可持续的路径上(Borio et al.,2013a)。

鉴于此,今后研究应从供给或需求单一层面的测算,拓展至供需结合、多市场均衡下的潜在产出测算体系,在既定偏好、技术和信息结构等实际因素约束下,考察价格与工资能灵活调整时的产出水平。具体可从以下三方面着手:

(1)从财政的视角,警惕赤字和债务的挤出效应,赋予潜在产出"可持续性"的要义①,避免仅基于总供给视角的高估可能(产能过剩存在意味着一些潜在产出属于无效产出),又避免仅基于总需求视角的低估可能(忽略全球化与逆全球化下,外部再平衡以及国内全面深化改革所释放的需求潜力)。原因在于,近十年增量资本的产出效率持续下降,宏观杠杆率已经超过加杠杆有利于经济增长的拐点值,增长动能出现透支未来发展潜力的迹象。追赶阶段,债务随着经济增长而逐步消化;经济步入新常态,逐渐靠近生产可能性前沿时,增速放缓,债务逐渐积累。能否妥善化解滚雪球式累积的债务成为稳定潜在产出的关键。尽管主权债务违约风险很低,但是,企业部门杠杆率偏高,居民部门房贷比重增加,尤其是地方政府隐性负债上升显著抑制了财政政策的空间。

(2)从金融的视角,重视货币因素在实际经济周期波动中日益显著的作用,将"货币中性"纳入潜在产出测算的考量。自国际金融危机以来,产出周期与信贷周期、房地产价格等因素密切相关,随着美联储资产负债表开启缩减进程,迫切需要平衡虚拟经济与实体经济两个层面的流动性,引入信贷缺口、房地产价格缺口等指标,在货币政策不施加刺激、回归中性的情景下,构建基于劳动力市场、产品市场和金融市场的多部门均衡模型,提高潜在产出估计的稳健性。

(3)从产业的视角,在重视"去杠杆、去产能、去库存"背景下,微观主体行为决策特征演变对经济内在驱动机制的影响。对家庭而言,将信贷约束(流动性约束)、习惯形成、不确定性等引入居民消费的决定中,丰富居民异质性、消费过度平滑性对经济波动的传导机制;对企业来说,深化投资调整成本、投资专有技术变化的动态作用,并通过内生化企业的资本利用率,将折旧、资本使用的边际成本及投资决定关联起来,明晰资本利用率变化对资本积累与长期经济增长的作用,夯实潜在产出估算的微观基础。

---

① 对"可持续性"的关注源自生态系统与人类社会和谐发展的研究,2008 年国际金融危机之后,逐渐用于评估和分析政府债务等问题。

第二篇
潜在经济增长率测算

≫

第 3 章

货币供应、产出缺口与经济波动
——基于中国季度数据的实证研究

考虑到总供给曲线、奥肯定律与货币产出效应之间存在内生性结构,基于通胀率、实际产出、失业率和广义货币供应量等四组数据,本章构建结构向量自回归(SVAR)模型,测度中国 1995 年第 4 季度至 2017 年第 2 季度的产出缺口,并在带有随机波动的时变参数结构向量自回归(TVP – SVAR – SV)模型中,采用马尔科夫链蒙特卡洛(MCMC)方法,揭示了实际产出影响因素的时变特征。研究发现:(1)自 1995 年以来,中国经济经历了四轮周期。从 2011 年第 1 季度起,波动趋于平稳化,符合"大稳健"的特征;(2)1996 年之前,通货膨胀的"托宾效应"短暂存在。2003 年之后,"逆托宾效应"显现,通货膨胀冲击对产出的负向作用加深;(3)国际金融危机后,宽松货币政策的产出效应降低,响应周期缩短。失业率对产出冲击的响应呈现延迟且微弱的变化。在此基础上,本章得出富有建设性的政策含义。

3.1 引言

产出缺口体现了实际产出与潜在产出的差距,是反映经济波动、生产要素利用水平的重要指标,也是宏观政策制定的重要依据。Okun(1962)最早开启了对潜在产出的研究。此后,国内外学者从不同方向对潜在产出缺口展开了积极的探索。

目前,代表性方法主要有三类:一是从总量的角度,重视产出水平的"长期趋势",包括:HP 滤波、BN 分解、不可观测成分法、BK 滤波、小波降噪法、CF 滤波等,这些方法需要大量的统计假设作支撑,或对菲利普斯曲线和奥肯定律的参数形式有较强依赖。二是从生产函数的角度,Levy(1963)最早强调潜在产出是在稳定的价格水平和技术水平下,资本和劳动力实现充分就业要求时所生产的产品和服务的总和。此后,一些学者以新古典增长理论为基础,利用生产函数法估计潜在产出及产出缺口(Chow & Li,2002;郭晗和任保平,2014)。然而,此方法不仅对投入要素的基础数据质量要求较高,测算结果对要素产出弹性的估计比较敏感,而且当要素市场扭曲程度发生变化时,按照历史贡献率计算的潜在产出容易误将某一要素市场的变化归因到其他要素变化中去。① 三是从动态随机一般均衡的角度,一些研究强调"完全灵活的价格"条件对潜在产出的意义(Woodford,2003),并在新凯恩斯框架下对产出缺口、货币政策进行了研究(Galí,2002;马文涛和魏福成,2011;娄峰,2015)。虽然 DSGE 模型能解释大部分的产出波动原因,但对其他变量的预测效果则不理想,而且模型往往包含较多外生冲击与微观个体的行为设定,可能导致模型规模与估计有效性之间的矛盾(Hirose & Naganuma,2007),难以应对黏性价格机制和消费—投资负相关之间的矛盾,或者平衡增长路径假设和稳态不定之间的矛盾(祝梓翔和邓翔,2017a)。

2008 年国际金融危机以来,菲利普斯曲线平缓化、均衡利率持续下降导致传统的产出缺口研究范式失效,原有应对危机的政策效力大幅下降。这意味着以往的研究思路在测算通胀、失业对潜在产出的影响机制方面存在一定缺陷。究其原因,第一,现有研究聚焦于产品市场和劳动力市场,忽视了金融市场的影响。事实上,金融扩张对短期潜在产出的促进作用在 20 世纪 90 年代的美国经济中就得到了验证(Biggs & Mayer,2010)。② 此次国际金融危机之后,有研究表明即使通胀率稳定在较低水平,存在金融失衡时,产出增长仍可能在不可持续的路径上(Borio et al.,2013b)。第二,产业结构调整(如去产能)、价格总水平变化(如通胀变化)以及制度改革(如淡化对经济增长速度的关注)等都可能改变宏观变量之间的结构性参数关系。所以,假设结构参数恒定时的估计解释力有限,也不能捕捉二阶矩的变化。第三,受"产出供给决定论"和"供给冲击主导

---

① 当失业率大幅提高时,基于生产函数法的测算可能将在统计上还未体现出来的长期失业增加造成的产出下滑归因于全要素生产率的下降上(Reifschneider & Wilcox,2015)。

② 如果非贸易部门的生产率高于进口替代部门,那么在信贷驱动下的资源转移将提高总的劳动生产率,金融繁荣引发的需求扩张就会提升经济供给能力。

产出波动"等观念的影响,以往分解潜在产出影响因素时,过于看重供给面、数量因素,对需求面、质量因素重视不足。然而,资本积累、劳动供给、全要素生产率等都有可能成为逆萨伊定律(inverse say's law)发挥作用的渠道,进而对潜在产出的自然值产生影响(Anderton et al. , 2014)。① 而且,随着中国人口红利消失、资源约束趋紧、国际竞争加剧,忽视质量与效益的增长难以维系,偏离改善民生的发展更不可持续。因此,赋予潜在产出新的内涵——不会引起通胀上涨(或下降)的压力,将失业率稳定在非加速通货膨胀性失业率附近,有利于宏观杠杆率维持在适度水平,对实现向高质量发展阶段的平稳过渡具有重要实践意义。

鉴于失业率、通货膨胀率等影响潜在产出的核心变量既可能出现在方程右端,也可能出现在方程左端。因此,有必要采用非结构性方法重新审视产出缺口。在对已有文献的梳理发现,结构向量自回归(SVAR)模型无须对变量间的关系进行过多假设,且不存在终点样本偏差问题,有较好的稳定性。但早期文献限于数据的获取,往往采用年度数据进行分析(赵昕东,2008a;2008b),忽视了季节波动的影响,削弱了估计结果的可信度。对此,郭红兵和陈平(2010)采用季度数据予以扩展。近年来的改进主要呈现在引入符号约束,即根据经济理论对脉冲响应的符号和形状施加约束(Canova & De Nicoló,2002;Uhlig,2005),以避免约束的随意性。特别是,引入时变参数来捕捉经济结构演变的动态影响(如系数和误差项方差的时变性),从而克服短期或长期严格约束条件引起的模型设定偏误。其中,具有代表性的包括:时变参数向量自回归(TVP - VAR)模型(Primiceri,2005)、带有随机波动的向量自回归(VAR - SV)模型(Sims & Zha,2006)和融入了时变参数和随机波动的向量自回归(TVP - VAR - SV)模型(Nakajima,2011)等。不过,目前仅有少数学者强调对宏观变量进行时变分解的重要性(祝梓翔和邓翔,2017b),并关注到产出缺口对通货膨胀的影响力度有减弱的趋势(罗毅丹和徐俊武,2010)。

鉴于此,本章的创新在于:(1)在经济周期与金融周期交织的背景下,从产品市场、劳动力市场和金融市场三部门一般均衡的视角赋予潜在产出新的内涵,将以 M2 为代表的金融因素引入传统的三变量(通胀率、实际国内生产总值

---

① 要素市场扭曲和价格黏性调整等都制约着供给面的影响。

和失业率) SVAR 模型,重新估计 1995 ~ 2017 年间[①]中国季度产出缺口;(2)采用两种口径估算失业率,并结合长期约束,对产出增长重新进行分解,进而依据 Camba – Mendez 和 Rodriguez – Palenzuela(2003)在估计 11 个欧盟国家和美国产出缺口时提出的三项标准,对产出缺口予以评价,避免对失业率高估或低估引起的整体估计偏误;(3)放松 SVAR 模型的紧约束条件,在 TVP – SVAR – SV 模型中,采用马尔科夫链蒙特卡洛(MCMC)方法,揭示产出水平影响因素的时变特征,并通过时点脉冲和时期脉冲响应,剖析了重大经济事件引发的冲击对产出波动的传导路径,以及各变量之间的动态影响机制。

　　本章其他内容安排如下:3.2 节介绍研究机理;3.3 节引入广义货币供应量,构建并识别四变量的 SVAR 模型,估计产出缺口;3.4 节将 SVAR 模型拓展至 TVP – SVAR – SV 模型,分析时变参数的特征,通过脉冲响应分析揭示变量间的动态影响机制;3.5 节总结并给出政策含义。

3.2　机理分析

　　鉴于金融周期与经济周期之间的同步性(Claessens et al. ,2012),本章将广义货币供应量引入传统的三变量 SVAR 模型,将实际产出分解为持久性的趋势成分和暂时性的周期成分。之后,考虑到经济结构变迁的影响,引入时变参数,将其进一步拓展为 TVP – SVAR – SV 模型。

　　短期,产出缺口可视为通货膨胀变动的领先指标,中长期则反映实际经济可持续增长的空间。实践中,实际产出、通胀、失业率处于其"自然率"水平,宏观杠杆率处于稳健区间是欧美主要国家经济趋于稳定的重要条件。依据交错价格调整(Calvo,1983)机制,价格黏性的新凯恩斯菲利普斯曲线(NKPC)可以表示为:

$$\pi_i = d_0 + \sum_{i=1}^{n} d_i \pi_{i-1} + d_{n+1}(q_t - \bar{q}_t) + d_{n+2} E_t \pi_{t+1} + \zeta_t, d_{n+1} > 0 \ (i = 1,2,\cdots,n)$$

$$(3-1)$$

式中,π_t 为通货膨胀率;q_t 为实际产出;$\bar{q}_t$ 表示与均衡失业率 UER_t^* 对应的潜在

---

　　① 根据 3.3 节对 SVAR 模型滞后阶数的判定,产出缺口的估计区间为 1995 年 4 季度到 2017 年 2 季度。

产出;$d_i(i=1,2,\cdots,n)$表示通胀惯性(Fuhrer & Moore,1995),n越大表示通胀惯性越大,即通胀偏离其均衡状态的时间越长,$E_t\pi_{t+1}$代表基于当期信息对下一期通胀的预期值;ζ_t为扰动项。

长期来看,二元经济结构的奥肯定律在中国依然适用(邹沛江,2013)。故根据失业与总产出之间的关系,依照 Berger 和 Everaert(2008)的做法,设定奥肯定律如式(3-2),其中,r_1表示奥肯系数,uer_t是失业率,ψ_t是扰动项。

$$q_t - \bar{q}_t = r_0 - r_1(\text{UER}_t - \text{UER}_t^*) + \psi_t, \ r_1 > 0 \qquad (3-2)$$

当经济周期与金融周期叠加时,经济扩张或收缩的幅度都可能被放大。因此,本章将金融因素引入对产出缺口变动的考量,并根据 Zha(1997)的识别指南,将 M2 作为货币政策变量。借鉴 Stock 和 Watson(1989)的研究,设定变量关系如下:

$$q_t = \sum_{k=1} \phi_k q_{t-k} + \sum_{j=0} \gamma_j m_{t-j} + \sum_{l=0} \varphi_l z_{t-l} + \eta_t, \phi_t = 1 \qquad (3-3)$$

式中,m_t是广义货币供应量;z_t可以视为解释实际产出波动的其他变量;η_t是扰动项。理由在于:第一,货币供应量短期内对产出存在影响(Friedman & Schwartz,1963),货币更快增长之后,产出会提高到其趋势值以上;货币增长率下降后,产出增长率会随之而下降。[1] 对很多国家的估计也表明,货币政策冲击之后,产出的反应呈现峰状特征(Sims,1992;Walsh,2010)。第二,中国的利率市场化改革尚未完成,货币供应量仍是重要的货币政策中间目标。尤其当流动性出现过剩时,货币政策对实际产出的影响能力反而有所增强(彭方平等,2008)。第三,现有的实证研究不足以否认货币长期中性的特征(陆军和舒元,2002;张卫平和李天栋,2012)。因此,不失一般性,后文在施加长期约束时,仍沿用货币中性的假定。

式(3-1)~式(3-3)构建的模型系统考虑了新凯恩斯-菲利普斯曲线、奥肯定律和货币产出效应之间的内生性,能够有效反映产出与通胀、失业率和货币供应之间的互动关系。

---

[1] 一些研究证实只有货币政策的非预期部分才能影响实际产出(Barro,1977;Barro & Rush,1980),但 Mishkin(1982)强调预期到的货币政策同样具有重要作用。

3.3　SVAR 模型的构建与估计

3.3.1　模型的构建与识别

1. 结构式模型

理论模型中核心变量当期值均受前期值的影响,故构建滞后 p 阶的结构向量自回归模型 SVAR(p)[①],如式(3 - 4)所示:

$$B_0 y_t = \Phi_0 + \Phi_1 y_{t-1} + \Phi_2 y_{t-2} + \cdots + \Phi_p y_{t-p} + v_t, \ t = p+1, p+2, \cdots, T$$

$$(3-4)$$

式中, $B_0 = \begin{bmatrix} 1 & b_{12} & b_{13} & b_{14} \\ b_{21} & 1 & b_{23} & b_{24} \\ b_{31} & b_{32} & 1 & b_{34} \\ b_{41} & b_{42} & b_{43} & 1 \end{bmatrix}$, $b_{ij}(i,j=1,2,3,4)$ 表示第 j 个变量的单位变化

对第 i 个变量的即时作用; $y_t = [\ \text{dCPI}_t \quad \text{dlnGDP}_t \quad \text{dUER}_t \quad \text{dlnM2}_t\ ]'$,由通货膨胀率、实际国内生产总值、失业率和广义货币供应量的一阶差分构成; $v_t = [\ v_t^{\text{CPI}}$ $v_t^{\text{GDP}} \quad v_t^{\text{UER}} \quad v_t^{\text{M2}}\ ]'$, v_t^{CPI}、v_t^{GDP}、v_t^{UER} 和 v_t^{M2} 都是白噪声序列,分别表示对应变量的冲击。借助滞后算子,式(3 - 4)可改写成如下形式:

$$B(L) y_t = \Phi_0 + v_t \qquad (3-5)$$

式中, $B(L) = B_0 - \Phi_1 L - \Phi_2 L^2 - \cdots - \Phi_p L^p$, $B_0 \neq I_4$。假定 v_t 的方差 - 协方差矩阵为单位矩阵。如果矩阵多项式 $B(L)$ 可逆,可将式(3 - 5)进一步表示为无穷阶的向量移动平均形式:

$$y_t = S(L) \Phi_0 + S(L) v_t \qquad (3-6)$$

式中, $S(L) = B(L)^{-1}$; $S(L) = \sum_{i=0}^{\infty} S_i L^i$; $S(0) = S_0 = B(0)^{-1} = B_0^{-1}$。

2. 简化式模型

尽管结构性冲击 v_t 不可观测,但可以通过对其简化式的残差估计而得到。由式(3 - 4)导出 SVAR 模型简化式:

[①] 下文依据多个统计准则的检验结果,确定 SVAR 模型具体的滞后阶数为 3。

$$y_t = B_0^{-1}\Phi_0 + B_0^{-1}\Phi_1 y_{t-1} + \cdots + B_0^{-1}\Phi_p y_{t-p} + B_0^{-1}v_t = A_0 + A_1 y_{t-1} + \cdots + A_p y_{t-p} + \varepsilon_t$$

$$(3-7)$$

式中，$A_i = B_0^{-1}\Phi_i, i = 0,1,2,\cdots,p; \varepsilon_t = B_0^{-1}v_t = [\varepsilon_t^{CPI} \quad \varepsilon_t^{GDP} \quad \varepsilon_t^{UER} \quad \varepsilon_t^{M2}]'$。由于简化式扰动 ε_t 项是结构式扰动项 v_t 的线性组合，$\varepsilon_t = B_0^{-1}v_t$，而 $S_0 = B_0^{-1}$，则 $\varepsilon_t = S_0 v_t$，得到 v_t 对 y_t 的同期影响矩阵 S_0，就可从简化式扰动项 ε_t 获得结构式模型的扰动项 v_t。

3. 模型识别

对 4 维内生向量，至少需要 6 个限制条件才能估计出结构参数。为避免过度识别，以及 Cholesky 分解受变量排序主观性的影响，本章选择对 VAR 模型施加长期约束（Blanchard & Danny，1989），即对式（3 – 6）中 $\sum_{i=0}^{\infty} S_i$ 的第 i 行第 j 列元素施加 0 型约束，令第 i 个变量对第 j 个变量的累积影响为 0。对二战后一些经济体的研究表明，通货膨胀长期仅由通胀冲击决定，而产出长期受到通胀和产出两个结构性冲击的影响（Bullard & Keating，1995）。但对中国而言，长期总需求冲击对产出、失业均没有影响；总供给冲击对产出有显著的正向影响，对失业产生不利影响（方福田和孙永君，2009）。此外，在自然率假说和货币中性假说下，失业率围绕某一恒定的自然失业率波动，货币供应量不受失业率干扰，对实际产出也无影响。据此，借鉴 Camba – Mendez 和 Rodriguez – Palenzuela（2003）和 Matthieu 等（2008）的做法，对式（3 – 7）施加长期紧约束[①]，对应的约束矩阵为：

$$F = (I - A_1 - A_2 - \cdots - A_P)^{-1} S_0 = (B_0 - \Phi_1 - \Phi_2 - \cdots - \Phi_P)^{-1}$$

$$= \begin{bmatrix} F_{11} & 0 & 0 & F_{14} \\ F_{21} & F_{22} & 0 & 0 \\ F_{31} & F_{32} & F_{33} & 0 \\ F_{41} & F_{42} & 0 & F_{44} \end{bmatrix} \quad (3-8)$$

式中，$F_{ij}(i,j=1,2,3,4)$ 表示第 j 个变量一个标准差冲击对第 i 个变量的累积影响。

4. 产出增长分解

产出的短期波动由暂时性需求冲击造成，长期变化则由持久性的供给冲击

---

① 本章样本区间多于 20 年，避免从较短时间序列中分离长期趋势可能不准确的担忧（Garcia – Cicco et al.，2010）。

引起。估计简化式模型得到其滞后算子矩阵,施加长期紧约束后,再对 SVAR 模型进行估计,即可得 S_0。由于 $v_t = S_0^{-1}\varepsilon_t$,获得结构式扰动项 v_t 之后,再由式 (3−6) 可得 $S(L)$[①],从而将产出增长分解如下:

$$\mathrm{dln\ GDP}_t = S_{21}(L)v_t^{\mathrm{CPI}} = S_{22}(L)v_t^{\mathrm{GDP}} + S_{23}(L)v_t^{\mathrm{UER}} + S_{24}(L)v_t^{\mathrm{M2}} + C_2 \quad (3-9)$$

式中,C_2 为常数项,是 $C = S(L)\Phi_0$ 的第二个分量。去除暂时性需求冲击形成的周期性成分,即可得到潜在产出 $(\bar{q}_t)$。因常数项在紧约束的 SVAR 模型中恒定,故也将其影响归入潜在产出。由式 (3−9) 可得,潜在产出成分为:

$$\Delta\bar{q}_t = \Delta y_t^c = S_{22}(L)v_t^{\mathrm{GDP}} + C_2 \quad (3-10)$$

产出缺口成分则为:

$$\Delta(q_t - \bar{q}_t) = \Delta y_t^{\tau} = S_{21}(L)v_t^{\mathrm{CPI}} + S_{23}(L)v_t^{\mathrm{UER}} + S_{24}(L)v_t^{\mathrm{M2}} \quad (3-11)$$

从式 (3−10)、式 (3−11) 分别得到潜在产出和产出缺口的变化量。观察已往的价格走势,从 1997 年年末到 1998 年年初,通货膨胀水平较低且较为稳定。因此,本章假设 1997 年第 4 季度的实际产出等于其潜在产出,并以此为基点,按季度将 Δy_t^c 加总,得到各季度潜在产出序列的水平值;按季度将 Δy_t^{τ} 加总,得到各季度产出缺口序列的水平值。[②] 为了方便比较,进一步计算相对产出缺口,即产出缺口水平值与实际产出 $(\ln\mathrm{GDP})$ 的比值。

3.3.2　变量说明与数据处理

本章研究的样本区间选择 1995 年第 1 季度至 2017 年第 2 季度,进行价格调整时均以 1995 年第 1 季度为基期。数据主要来自 Wind 金融终端,处理过程如下。

1. 通货膨胀率

将同一季度内的月度环比 CPI 连乘,可得季度环比 CPI,令基期价格水平为 100%,即可获得季度定基 CPI。CPI 季节波动明显,且当年峰值多出现于第 1 季度。故采用 X−12 方法进行季节调整,并将调整之后的序列记为 CPI_SA。

2. 国内生产总值

借鉴祝梓翔和邓翔 (2017b) 的做法,根据实际 GDP 环比增长率推算季度实

---

① 本章中对式 (3−6) 采用似不相关估计可得 $S(L)$,采用其他估计方法其结果也是稳健的。

② 1997 年第 4 季度之前的季度产出缺口倒推确定,即取 1997 第 4 季度到该季度前一个季度变化值总和的相反数;此后的季度,通过累积加总获得。

际 GDP。2011 年第 1 季度之后的实际 GDP 环比增长率从历年《中国统计年鉴》获取,在此之前的,结合当季同比的国内生产总值指数,便可得到整个样本区间实际 GDP 环比增长率;令基期实际 GDP 等于名义 GDP,即可推算得到各季度实际 GDP。由于产出受季节因素影响较为明显,因而,也采用 X - 12 方法进行季节调整,并取其对数形式,记为 lnGDP。

3. 失业率

为准确反映劳动力市场总体供求状况,本书对失业率的估算采用两种口径。

第一,考虑到家庭联产承包责任制的普及,农村失业率极低,可假定农村就业人口与农村经济活动人口相等[①]。则总就业人口等于城镇就业人口与农村经济活动人口之和,失业率可表示为:

$$失业率 = \frac{经济活动人口 - 就业人口}{经济活动人口} \times 100\% \qquad (3-12)$$

因人口增长通常具有平滑变化的特征,故不失一般性,采用三次样条函数(natural cubic spline)对年度经济活动人口与就业人口插值[②],得到季度经济活动人口与就业人口,进而获得相对平滑的失业率,记为 UER1。

第二,考虑到自 20 世纪 90 年代中期以来隐性失业显现,与农村相比,城镇人口劳动参与率下降更快。因此,式(3 - 12)的定义可能存在低估失业率的风险。故借鉴蔡群起和龚敏(2017)的做法,用经济活动人口与农村就业人口之差来度量城镇经济活动人口,用城镇失业率近似地代替总体失业率,记为 UER2。于是,失业率可表示为:

$$失业率 \approx 城镇失业率 = \frac{城镇经济活动人口 - 城镇就业人口}{城镇经济活动人口} \times 100\%$$

$$(3-13)$$

上述两种口径计算的失业率波动趋势较为一致。不过,UER2 度量的失业率忽略了城乡人口流动变化的影响。为了确保结论稳健性,下文在两种失业率口径下均对模型予以识别和估计,并分别记为 SVAR$_{UER1}$ 和 SVAR$_{UER2}$。

4. 广义货币供应量

经济货币化进程推动货币需求增加,2008 年国际金融危机后,中国宏观杠

---

① 与蔡昉(2004)的假设相一致。

② 由于数据缺失,2017 年第 1 季度至第 2 季度的人口数据由历史数据采用 ARIMA 模型预测得到,下同。

杆率上升较快,尤其是非金融部门总杠杆率从 2008 年 12 月的 141.3% 快速上升至 2017 年 6 月的 255.9%,M2 余额也跃升为名义 GDP 的 2.03 倍。由于统计口径和融资体制的差异,不同经济体之间 M2 对经济总量比率缺乏可比性,但无论采用哪一个指标,近年来实体部门过度发债、金融领域信用过快扩张是不争的事实。因此,由于 M2 对经济变量较强的解释(预测)力(盛松成和吴培新,2008),本章将 M2 视为表征宏观金融环境、反映杠杆扩展基础的指标,将其引入传统的三变量 SVAR 模型。为消除数据的异方差性,季节调整之后,再取自然对数,记为 lnM2。

3.3.3　模型估计

1. 平稳性检验

为避免伪回归,对各变量进行平稳性检验,可知序列 CPI_SA、lnGDP、UER1、UER2 和 lnM2 本身不平稳,但其一阶差分后的序列均是平稳的。而且,各变量的逆特征方程的单位根均在单位圆内。因此,基于一阶差分后的 ΔCPI_SA、ΔlnGDP、ΔUER1(或 ΔUER2)和 ΔlnM2 序列,构建四变量 SVAR 模型是合适的。

2. 滞后阶数设定

根据似然比检验统计量(LR)、最终预测误差(FPE)、AIC 信息准则和 HQ 信息准则,筛选出的滞后阶数受最长阶数设定的影响,缺乏稳定性。而根据 SC 准则,始终选定的滞后阶数为 3,故本章最终设定模型的滞后阶数均为 3 阶。

3. 产出缺口估算

根据第三部分 SVAR 模型的构建过程以及产出增长的分解过程,代入数据及可得到潜在产出序列(图 3 - 1)、相对产出缺口序列(图 3 - 2)。

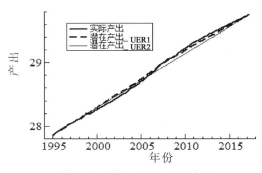

图 3 - 1　潜在产出与实际产出

(资料来源:根据 Eviews10.0 估计的结果整理。)

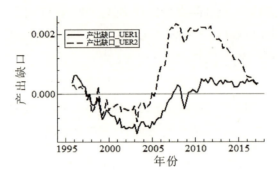

图 3 – 2　相对产出缺口

（资料来源：根据 Eviews10.0 估计的结果整理。）

3.3.4　模型评价

依据 Camba – Mendez 和 Rodriguez – Palenzuela（2003）在估计 11 个欧盟国家和美国产出缺口时提出的三项标准，来评价本章构建的 SVAR 模型估计结果。

1. 通货膨胀预测能力比较

为保证产出缺口对通货膨胀预测能力的稳定性，在平稳性检验的基础上，建立以季度定基 CPI 的一阶差分、产出缺口一阶差分为内生变量的 VAR 模型。根据有关准则确定最优滞后阶数，对通货膨胀率进行样本内预测。得到差分 CPI 预测值后，累计加总，即可得定基 CPI 的预测序列。将季度定基 CPI 替换为季度环比 CPI，[①]重复上述过程，获得季度环比 CPI 预测序列。根据 CPI 预测序列的均方根误差（root mean square error，RMSE）和泰尔不等系数（theil inequality coefficient，TIC）的测算结果评价产出缺口对通货膨胀的预测能力，其值越小说明预测能力越强。如表 3 – 1 所示，$SVAR_{UER1}$ 模型估算的产出缺口对定基 CPI 预测效果较好；$SVAR_{UER2}$ 模型估算的产出缺口对环比 CPI 预测效果较好。

---

① 季度环比 CPI 采用季节调整之后的数据进行计算，其本身为平稳序列，可直接根据 VAR 模型预测得到。

表 3-1　CPI 预测序列的 RMSE 与 TIC 测算结果比较

VAR 模型	滞后阶数	RMSE	TIC
定基 CPI 与基于 SVAR$_{UER1}$的产出缺口	3	0.0405	0.0158
定基 CPI 与基于 SVAR$_{UER2}$的产出缺口	4	0.0626	0.0241
环比 CPI 与基于 SVAR$_{UER1}$的产出缺口	3	0.0065	0.0032
环比 CPI 与基于 SVAR$_{UER2}$的产出缺口	4	0.0062	0.0031

(资料来源:根据 Eviews 10.0 估计的结果整理。)

2. 与基准经济周期转折点的比较

遵循 Burns 和 Mitchell(1946)对经济周期的定义,运用 BBQ 法(Harding & Pagan,2002)来确定经济周期的峰和谷。关于基准经济周期转折点的判断,2007 年之前的,参考陈磊和孔宪丽(2007)的研究;2007 年以后的,以宏观经济景气指数(一致指数)的转折点为依据。

根据相对产出缺口 $G_t = (q_t - \overline{q}_t)/\ln GDP_t$,可得相应的表值序列 $P_{i,t}$(Mcdermott & Scott,2000)[①],并通过扩张和收缩的平均持续期、一致性统计量(concordance statistic)指标[式(3-14)],对产出缺口的表值序列 $P_{i,t}$ 和基准经济周期的表值序列 P_t 进行比较。

$$W_i = T^{-1} \sum_{t=1}^{T} \left[(P_{i,t} \cdot P_t) + (1 - P_{i,t})(1 - P_t) \right] \quad (3-14)$$

式中,T 表示样本容量。

如表 3-2 所示,自 1995 年第 4 季度至 2017 年第 2 季度,基于两种失业率口径计算的产出缺口均经历了 10 个转折点,且均有 7 个转折点与基准转折点一致或相近。可见两种产出缺口转折点与历史上的基准转折点基本一致,能够较好地捕捉经济周期的变化。横向比较,SVAR$_{UER1}$模型所得的产出缺口一致性统计量值较大,经济周期扩张和收缩的持续期差异较小;而 SVAR$_{UER2}$模型所得的产出缺口收缩的持续期与基准经济周期较为一致,扩张期较长。

---

① 经济扩张时,表值取 1;经济收缩时,表值取 0。$i=1,2$ 分别表示根据 SVAR$_{URE1}$、SVAR$_{URE2}$估计所得的产出缺口。

表3-2 产出缺口转折点与基准经济周期转折点的比较

参数	基准经济周期转折点	基于 $SVAR_{UER1}$ 的产出缺口转折点	基于 $SVAR_{UER2}$ 的产出缺口转折点
经济周期的峰	1998Q4 2000Q3 2004Q1 2007Q4 2010Q1 2011Q2 2013Q3	1999Q4(0.49)* 2008Q1(1.24)* 2010Q4(2.01)* 2013Q3(0.58)* 2016Q1(1.19)	1996Q4(…) 1998Q4(1.44)* 2001Q1(0.39)* 2007Q4(3.51)* 2011Q4(0.33)*
经济周期的谷	1998Q1 1999Q2 2001Q4 2005Q1 2009Q1 2010Q3 2012Q3 2016Q1	1998Q2(…)* 2003Q2(1.45) 2008Q4(2.59)* 2012Q3(0.42)* 2014Q3(0.52)	1998Q1(3.39)* 2000Q1(3.06)* 2003Q2(1.76) 2008Q4(0.27)* 2014Q3(0.50)
平均扩张持续期	6.00	8.60	9.80
平均收缩持续期	6.83	8.00	6.80
一致统计量	1.00	0.64	0.60

注:括号内为深度(deepness)值,用来衡量每个周期阶段的波幅。例如,对于一次收缩,deepness = $(|G_H - G_L|)/G_n$,其中,G_H 和 G_L 分别是所考察的经济周期的峰值和谷值;"*"表示与基准相近的转折点(即误差在3个季度以内);扩张和收缩的平均持续期用季度来衡量。

[资料来源:根据陈磊和孔宪丽(2007)、中国经济信息网一致指数整理。]

3. 估计的稳定性比较

将样本数据分为2组,分别为1995年第1季度至2015年第4季度、1995第1季度至2016年第2季度,重新估计对应区间的相对产出缺口,并与原样本区间(1995第1季度至2017第2季度)的估计结果进行比较。即根据计算所得的 TIC 指数、变异系数 CV_{NO} 和 Pearson 相关系数 ρ_{NO} 等指标,比较两组样本区间所得的产出缺口估计值的稳定性。由表 3 - 3 可知，替换样本区间后，$SVAR_{UER2}$ 模型对 1995 年第 1 季度至 2016 年第 2 季度的样本估计值对原预测值的绝对偏离度、相对偏离度均较小，稳定性较好，与原预测序列的相关性较高。对于 $SVAR_{UER1}$ 模型，当样本容量增大后，三项判定指标也有改善。

表 3 - 3　产出缺口估计值的稳定性比较

模型	样本区间	TIC	CV_{NO}	ρ_{NO}
$SVAR_{UER1}$	1995Q1 ~ 2015Q4	0.5556	0.9979	0.7514
	1995Q1 ~ 2016Q2	0.4503	0.9964	0.8252
$SVAR_{UER2}$	1995Q1 ~ 2015Q4	0.0881	- 0.7218	0.9939
	1995Q1 ~ 2016Q2	0.0568	- 0.7299	0.9973

（资料来源：根据 Eviews10.0 估计的结果整理。）

4. 产出缺口特点

根据上文的评价，构建的四变量 SVAR 模型对通胀的预测性较好，而且能准确地捕捉经济周期的变化。$SVAR_{UER2}$ 模型具有较好的稳定性，$SVAR_{UER1}$ 模型则在通货膨胀预测能力及与基准经济周期的一致性判断方面更优。由于以 UER1 度量失业率，可以更全面地反映劳动力市场变化对产出缺口的影响。因此，综合考虑，采用 $SVAR_{UER1}$ 模型更有利于揭示产出缺口的变化特征。

根据 $SVAR_{UER1}$ 模型，测度的中国季度产出缺口较好反映 1995 年以来经济周期的变化趋势。以"峰 - 峰"型结构作为经济周期的判断基准，1995 年第 4 季度至 2017 年第 2 季度，中国经济经历 4 个周期：第一个周期（1999 年第 4 季度至 2008 年第 1 季度）中，受亚洲金融危机引起外需萎缩、国有企业改革后下岗失业人员迅速增加的影响，与潜在产出相比，实际产出增幅回落得更多，产出缺口延续了 20 世纪 90 年代中期以来的下降趋势。直到 2001 年中国加入 WTO 之后，全球产业链重新布局调整，外需扩张，产出缺口跌幅趋缓。2003 年第 3 季度至 2008 年第 1 季度，伴随美元贬值和国内外需求回升，负向产出缺口逐年收窄，5 年间经济保持了平均 10.5% 的增速，且年度波幅不超过 1%。第二个周期（2008 年第 2 季度至 2010 年第 4 季度）时，伴随国际金融危机的冲击和人口红利的衰减，短期需求收缩与中长期潜在增长率下滑叠加。不过，在宽松货币政策和积极财政政策的刺激下,增长率短期下滑的势头得到抑制,产出缺口迅速止跌回升。第三个周期(2011 年第 1 季度至 2013 年第 3 季度),在欧债危机反复恶化,国内主动调控房地产市场、化解投融资平台风险的背景下,增速从高速向中高速过渡,经济在寻求新平衡的过程中保持基本稳定。第四个周期(2013年第 4 季度至今),经济迈入"服务化"时代,波动呈现平稳化特点。尤其是随着供给侧结构性改革的持续推进,淘汰落后产能步伐加快,传统动能改造与新动能培育并重,"互联网 +"背景下的企业活力得以释放,增长的韧性逐渐增强。

基于 $SVAR_{UER1}$ 模型的估计结果对样本区间长度比较敏感,这可能缘于经济结构变迁对常系数模型的影响,因此有必要引入时变参数的结构向量自回归模型对影响实际产出的因素进行时变分析。为节约篇幅,下面对扩展模型的识别与估计中,失业率以 UER1 为准。

3.4 TVP – SVAR – SV 模型的构建与估计

3.4.1 模型构建

鉴于递归约束假定,为便于分析其他三个变量对于实际产出的影响,将观测变量的顺序设定为 $y_t = [\, dlnM2_t \quad dUER_t \quad dCPI_t \quad dlnGDP_t\,]'$[①]。采用 Nakajima(2011)的做法,假定式(3 – 4)中扰动项 $v_t \sim N(0,\Sigma)$,其中,$\Sigma =$

$$
\begin{bmatrix} \sigma_1 & 0 & 0 & 0 \\ 0 & \sigma_2 & 0 & 0 \\ 0 & 0 & \sigma_3 & 0 \\ 0 & 0 & 0 & \sigma_4 \end{bmatrix}
$$
,同期关系系数矩阵 $B_0 = $
$$
\begin{bmatrix} 1 & 0 & 0 & 0 \\ b_{21} & 1 & 0 & 0 \\ b_{31} & b_{32} & 1 & 0 \\ b_{41} & b_{42} & b_{43} & 1 \end{bmatrix}
$$
,则根据前文滞

后阶数的判定结果,式(3 – 7)可改写为:

$$y_t = A_0 + A_1 y_{t-1} + A_2 y_{t-2} + A_3 y_{t-3} + B_0^{-1} \Sigma v_t, v_t \sim N(0, I_4) \qquad (3-15)$$

定义 $X_t = I_4 \otimes [\,1 \quad y_{t-2}' \quad y_{t-2}' \quad y_{t-3}'\,]$,$1 = [\,1 \quad 1 \quad 1 \quad 1\,]'$;令 B_0 为下三角矩阵,以确保模型可递归识别,减少待估参数;令 $A_i(i = 0,1,2,3)$ 的行元素依次

---

① 货币供应量受货币当局政策导向的影响较大,具有一定外生性,排在第一位;价格总水平同时影响总供给与总需求,故将通胀率排在第三位;最后,失业率排在第二位。

堆积,成为$[(4^2 \times 3 + 4) \times 1]$的一个行矩阵$\alpha$,则式(3-15)可表述为:

$$y_t = X_t \alpha + B_0^{-1} \sum v_t, \ v_t \sim N(0, I_4) \tag{3-16}$$

如果式(3-8)中所有参数都是随时间波动的,则式(3-16)可进一步改写为:

$$y_t = X_t \alpha_t + B_0^{-1} \sum{}_t v_t, \ t = 4, 5, \cdots, T \tag{3-17}$$

遵循Primiceri(2005)的解法,令下三角矩阵B_0中非0和1的元素堆积成一列向量$\beta_t = (\beta_{21}, \beta_{31}, \beta_{32}, \beta_{41}, \beta_{42}, \beta_{43})'$;对扰动项随机波动矩阵$\sum_t$,令$\ln\sigma_{jt}^2 = h_{jt}$,且$h_t = (h_{1t}, h_{2t}, h_{3t}, h_{4t})'$,$j = 1, 2, 3, 4$,$t = 4, 5, \cdots, T$。假定式(3-17)中所有参数服从随机游走过程,则有

$$
\begin{aligned}
\alpha_{t+1} &= \alpha_t + u_{\alpha_t}, \\
\beta_{t+1} &= \beta_t + u_{\beta_t}, \\
h_{t+1} &= h_t + u_{h_t},
\end{aligned}
\quad
\begin{bmatrix} v_t \\ u_{\alpha_t} \\ u_{\beta_t} \\ h_t \end{bmatrix}
\sim N \left(0, \begin{bmatrix} I & 0 & 0 & 0 \\ 0 & \sum_\alpha & 0 & 0 \\ 0 & 0 & \sum_\beta & 0 \\ 0 & 0 & 0 & \sum_h \end{bmatrix} \right)
$$

式中,$\alpha_{t+1} \sim N(\mu_{\alpha_0}, \sum_{\alpha_0})$;$\beta_{t+1} \sim N(\mu_{\beta_0}, \sum_{\beta_0})$;$h_{t+1} \sim N(\mu_{h_0}, \sum_{h_0})$。时变参数的方差-协方差矩阵由$\sum_\alpha$、$\sum_\beta$、$\sum_h$决定,为简化估计,假定$\sum_\beta$和$\sum_h$均为对角矩阵,避免时变系数的不合理变动,提高模型估计效率。参数转变有可能是暂时,也有可能是永久性的。假定参数服从一阶随机游走过程,有利于同时捕捉经济结构潜在的突变和渐变特征。

以上模型可采用贝叶斯推断下的马尔科夫链蒙特卡洛方法(MCMC)估计。令$y = \{y_t\}_{t=1}^T$,$\omega = (\sum_\alpha, \sum_\beta, \sum_h)$,用$\pi(\cdot)$分别表示$\sum_\alpha$、$\sum_\beta$、$\sum_h$、$\omega$的先验概率密度,后验概率密度则相应地表示为$\pi(\alpha, \beta, h, \omega | y)$。参数推断的具体步骤包括:

(1)赋初值:α, β, h, ω;

(2)取样$\alpha | \beta, h, \sum_\alpha, y$;

(3)取样$\sum_\alpha | \alpha$;

(4)取样$\beta | \alpha, h, \sum_\beta, y$;

(5)取样$\sum_\beta | \beta$;

(6)取样$h | \alpha, \beta, \sum_h, y$;

(7)取样$\sum_h | h$;

(8)返回至步骤(2)。其中步骤(2)、(4)借助模拟滤波器来实施,步骤(6)

采用多次移动取样法,步骤(3)(5)(7)直接假定在共轭先验下的伽马分布中生成样本。经过模拟计算,即可得到模拟样本各参数的后验均值以及中位数①。

3.4.2 模型估计

1. 参数估计

依据样本特征和 Primiceri(2005)等研究,设定各参数的先验分布分别为: $\Sigma_\alpha \sim IW(25,0.01 \cdot I)$,$(\Sigma_\beta)_i^2 \sim IG(2,0.01)$,$(\Sigma_h)_i^2 \sim IG(2,0.01)$。其中,$(\Sigma_\beta)_i^2$ 为矩阵 $(\Sigma_\beta)^2$ 对角线的第 i 个元素,$(\Sigma_h)_i^2$ 为矩阵 $(\Sigma_h)^2$ 对角线的第 i 个元素。在模型估计中,设定抽样次数为 50000 次,并舍去前 5000 次的预烧(burn - in)抽样。时变参数估计结果表明 MCMC 方法能够有效得到后验抽样(表 3 - 4、图 3 - 3)。Geweke 检验用于测定预模拟得到的马尔科夫链是否收敛于后验分布,当 MCMC 抽样的序列平稳时,其收敛于标准正态分布;无效影响因子度量了后验样本均值的方差与不相关序列样本均值的方差的比率,用于判定抽样的稳定性,设定 Parzen 核估计的窗宽为 500。

表 3 - 4　TVP - SVAR$_{UER1}$ - SV 模型参数估计结果及检验

参数	均值	标准差	95% 的置信区间	Geweke 检验	无效影响因子
$(\Sigma_\alpha)_{13}$	2.2826	1.9187	$[0.6569,8.1696]$	0.682	268.54
$(\Sigma_\alpha)_{46}$	3.2633	2.8796	$[0.9304,12.1521]$	0.928	260.2
$(\Sigma_\beta)_5$	0.2070	0.3281	$[0.0414,1.2110]$	0.815	218.83
$(\Sigma_\beta)_6$	0.2042	0.3223	$[0.0413,1.1487]$	0.748	218.67
$(\Sigma_h)_1$	0.2438	0.1206	$[0.0797,0.5305]$	0.507	128.00
$(\Sigma_h)_4$	0.2255	0.1842	$[0.0650,0.7582]$	0.033	203.33

注:此处仅汇报对应无效影响因子取值最大的两个时变参数估计值的均值,全部估计结果备索。

(资料来源:根据 Oxmetrics 6.0 估计的结果整理。)

---

① 样本参数即 52 维的行向量 α,6 维的列向量 β,4 维的列向量 h,故共需估计 52 + 6 + 4 = 62 个参数的均值。

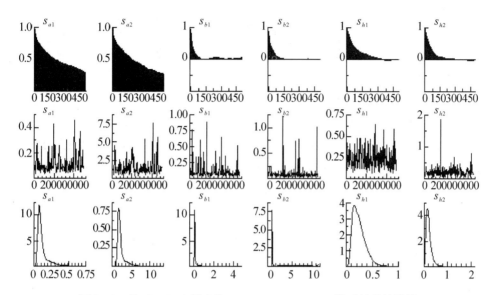

图 3 - 3　基于 MCMC 算法的 TVP - SVAR$_{\text{UER1}}$ - SV 模型的估计结果

（资料来源：根据 Oxmetrics 6.0 估计的结果整理。）

由表 3 - 6 可知，Geweke 检验的估计值均小于 5% 显著性水平下的临界值（1.96），说明所有参数无法拒绝收敛于后验分布的原假设，迭代周期中的预烧期能有效使得马尔科夫链趋于集中。参数无效影响因子普遍较低，最大值为 268.54；随机抽样次数为 50000 次，至少可获得约 50000/268.54 ≈ 174 个不相关的样本观测值，满足后验统计推断的需要，参数估计的模拟结果有效。

2. 时变特征

对 TVP - SVAR$_{\text{UER1}}$ - SV 模型而言，从参数矩阵 α 后验估计值均值的整体看，置信区间相对较小，估计比较有效。图 3 - 4 给出货币供应量、失业率、通货膨胀率和实际产出 4 个变量各自的随机波动率。

1995 年为治理经济过热而采取适度从紧的货币政策后，M2 的随机波动率逐渐下降，直到 2008 年开始快速上升，2014 年达到局部高点后，趋于平稳。这是由于为应对国际金融危机的不利影响，2008 年货币政策基调由年初的"从紧"（5 次提高存款准备金率）转向年末的"适度宽松"（4 次下调基准利率，两次下调存款准备金率），此后，强刺激的负面作用开始显现，货币政策逐步回归中性。但受外汇占款持续波动的影响，2015 年以来 M2 的随机波动率仍处于高位。

失业率的随机波动率在 2004 年之前,一直处于下降的态势,此后,平稳波动的趋势一直延续至 2017 年。这主要缘于经济结构转型给服务业部门持续创造了就业机会。2011—2017 年,第三产业增加值占比年均上升 1.24%,比 2005—2010 年加快 0.7%。

20 世纪 90 年代中期,中国经济实现"软着陆",CPI 的随机波动率步入缓慢回落的通道,仅在 2009—2012 年之间略有回升。这一轮回升既有交通基础设施、房地产行业需求快速扩展的拉动,又有上游原材料价格成本上涨的推动。而且,史无前例的大规模信贷投放后,市场流动性过剩,助推了波动率反弹。

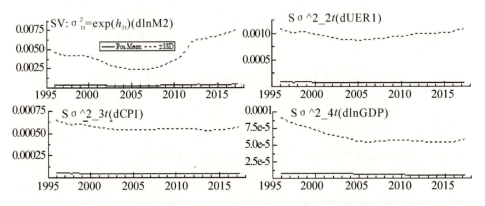

图 3-4　TVP-SVAR$_{UER1}$-SV 模型中结构冲击的随机波动率时变特征①

(资料来源:根据 Oxmetrics 6.0 估计的结果整理。)

对于同期影响矩阵 B 而言,相关自由元素的估计值及一倍标准差带如图 3-5 所示。货币供应量的波动对失业率、通货膨胀和产出水平变动的同期影响不显著,其余各变量的同期影响关系较为稳定,说明采用 SUR 方法估计产出缺口具有合理性。

---

① 图 3-4 的分析主要来自随机波动率的一倍标准差上限,其本身的后验均值也具有同样的波动趋势。

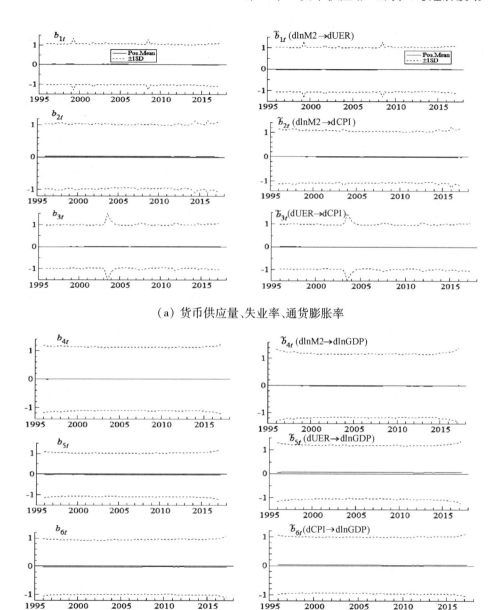

（a）货币供应量、失业率、通货膨胀率

（b）货币供应量、失业率、通货膨胀率与产出水平

图 3 - 5　各变量同期关系的时变特征：基于 TVP - SVAR$_{UER1}$ - SV

注：b_{it} 表示同期影响因素 β 的估计值，$\tilde{b}_{it}$ 表示矩阵 B^{-1} 下三角元素的估计值，$i = 1, 2, \cdots, 6$。

（资料来源：根据 Oxmetrics 6.0 估计的结果整理。）

图 3-6 给出模型中时变截距项的后验估计值。由图可知,货币供应量方程、通货膨胀方程和产出方程的截距项都具有时变特征。1995—2011 年,3 个方程的截距项都趋于稳定,表明这一阶段货币政策导向适时适度调整,对稳定物价、保持经济较快增长发挥重要作用。国际金融危机后,货币政策在消除资产价格顺周期性上的局限性突显,促使调控框架从单一的货币政策向健全货币政策与宏观审慎政策的"双支柱"转变。价格型调控和传导机制得到强化,数量型调控弱化,货币供应量方程截距项显著下降。2012 年以来,短期流动性调节工具(SLO)、中期借贷便利(MLF)、常备借贷便利(SLF)、抵押补充贷款(PSL)等相继创设和实施。流动性供给渠道多样化对引导金融资源服务实体经济起到了积极作用,有助于将通胀和产出波动保持在平稳的区间。

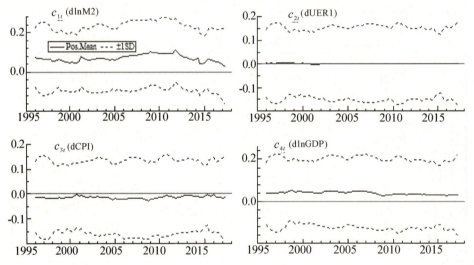

图 3-6   TVP-SVAR$_{UER1}$-SV 模型中时变截距项的后验估计值

(资料来源:根据 Oxmetrics 6.0 估计的结果整理。)

3.4.3 脉冲响应分析

基于 TVP-SVAR$_{UER1}$-SV 模型的估计,采用脉冲响应函数分析各类冲击对内生变量的效应。[①]图 3-7 和图 3-8 分别给出时点脉冲响应和时期脉冲响

---

① 限于篇幅,本章仅汇报基于失业率第一种口径(UER1)等变量构建的 TVP-SVAR$_{UER1}$-SV 模型的脉冲响应结果。第二种口径(UER2)下,TVP-SVAR$_{UER2}$-SV 模型的脉冲响应结果,如需要,可向作者索取。对于时变参数模型,每一个时间点都需要重新计算脉冲响应函数,故为便于聚焦,本章仅报告部分时点与时期的响应结果。

应的结果。

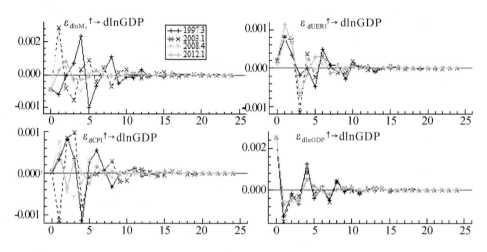

图 3 - 7　不同时点上的脉冲响应函数:基于 TVP - SVAR_{UERI} - SV

(资料来源:根据 Oxmetrics 6.0 估计的结果整理。)

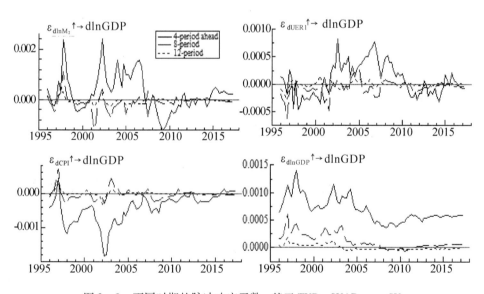

图 3 - 8　不同时期的脉冲响应函数:基于 TVP - SVAR_{UERI} - SV

(资料来源:根据 Oxmetrics 6.0 估计的结果整理。)

对于时点脉冲响应,考虑到引起经济波动的重大事件,本章选择亚洲金融危机(1997 第 3 季度)、土地资本化开启(2003 年第 1 季度)、4 万亿刺激政策出台(2008 年第 4 季度)、劳动年龄人口下降(2012 年第 1 季度)4 个代表性的观察点,分析模型变量对结构冲击的响应状况。

实际产出对货币供应量正向冲击的脉冲响应在不同时间点存在明显差异。20 世纪 90 年代后期以来,由于投资回报率持续下滑和人口红利逐步消失,宽松货币政策的产出效应大幅降低,响应周期明显缩短。实际产出对失业率正向冲击的脉冲响应在 4 个不同时间点基本保持一致,但是,峰值渐渐走低,谷值渐渐走高。这缘于短期失业规模上升增加了就业者的机会成本,对改善就业人员劳动生产率提供了负向激励;此外,2008 年以来,劳动参与率轻微回升,第二产业和国有部门释放了更少的失业人群,削弱了失业率冲击的影响。[①] 不过,长期来看,新旧增长动能转换中的结构性失业,可能助推隐性失业向显性转化,进而加重对产出的负向冲击。实际产出对通货膨胀正向冲击的脉冲响应呈现"驼峰"状,具体可分为两个阶段:第一阶段是在 2003 年之前,无论是内需低迷时期,还是土地城镇化加速时期,价格总水平上升刺激了投资,对经济增长短期拉动显著;第二阶段是从 2009 年以来,通货膨胀的产出效应显现得更早,但维持时间缩短,4 个季度之后,趋于稳定为零。

对于时期脉冲响应,分别设定超前 4 个季度、8 个季度和 12 个季度,分析模型系统对外生冲击的响应。短期货币供应量正向冲击对实际产出的影响在 2008 年之前为正,但是,其有效性不断降低;在 2009 年一度转为负向,凸显增量资本产出效率的下降。短期失业率正向冲击对实际产出有显著的负向影响。不过,经济服务化的发展带动第三产业对劳动力的吸纳能力增强,缓解了就业压力,降低了失业率冲击的影响。1996 年之前,通货膨胀的"托宾效应"短暂存在,一个正向的通货膨胀冲击在随后 4 个季度内对产出有微弱的正向作用,这与刘金全和张鹤(2004)的观察相近。然而,"货币幻觉"消退后,"逆托宾效应"显现,通货膨胀冲击对产出的负向作用加深,2003 年时最高达到 0.2%,2010 年以后才趋于稳定。

全部变量不同时点的脉冲响应和不同时期的脉冲响应如图 3-9 和图 3-10 所示。整体看,不同时点核心变量对货币供应量冲击、失业率冲击、通货膨胀冲击和产出冲击的响应方向基本一致。自 2012 年以来,响应的路径和程度呈现出新特征:第一,货币供应量变动对产出冲击的响应较之前年份有 1~2 期的

---

① 张军(2016)运用中国城镇住户调查数据(UHS)估算发现,中国城镇失业率 2012 年降至 7%,较 2005 年下降 3.7%。

延迟。这表明随着间接融资比重下降,互联网金融发展,金融加速脱媒,货币供给的内生性增强。第二,失业率变动对产出冲击的响应不仅较之前有 1～2 期的延迟,且十分微弱。这意味着大规模工业化结束后,劳动力产出弹性回升和就业渠道拓宽减缓产出波动对劳动力市场的冲击。第三,通货膨胀变动对短期货币供应量冲击的响应程度变大,对产出冲击响应的同步性增强,但响应程度变小,周期缩短。这预示着在融入全球经济一体化进程中,国内通货膨胀形成机制也在潜移默化地改变;其动力不仅来自国内供给面和需求面的因素,而且受国际市场和通胀预期的影响可能在加深。

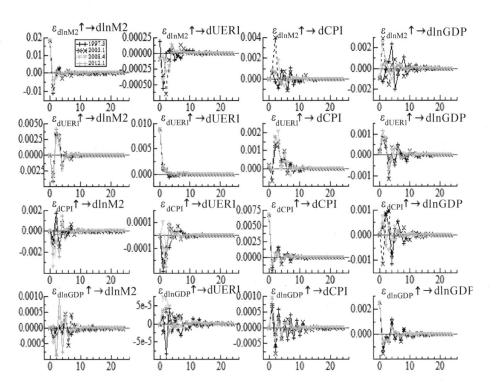

图 3-9　全部变量不同时点的脉冲响应函数:基于 TVP-SVAR_{UER1}-SV

(资料来源:根据 Oxmetrics 6.0 估计的结果整理。)

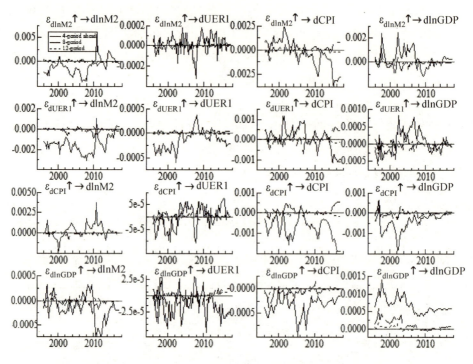

图 3 – 10　全部变量不同时期的脉冲响应函数：基于 TVP – SVAR$_{UER1}$ – SV

（资料来源：根据 Oxmetrics 6.0 估计的结果整理。）

3.4.4　稳健性检验

　　为确保结论的稳健性，将失业率的度量方式由 UER1 替换为 UER2，对 TVP – SVAR$_{UER2}$ – SV 模型重新进行估计和检验（表 3 – 5）。结果表明参数无效影响因子普遍较低，最大值为 211.02。当随机抽样次数设定为 50000 次时，至少可获得约 50000/211.02 ≈ 237 个不相关的样本观测值，满足后验统计推断的需要；且 95% 置信区间相对较小，说明后验均值更有可能接近于参数的真实值。重复 MCMC 算法下的参数估计过程和脉冲响应分析，发现参数估计的模拟结果有效。核心变量脉冲响应的路径与机制也与上文相似。这表明基于 TVP – SVAR – SV 模型估计得到的结论是稳健的。

表 3 – 5 TVP – SVAR$_{UER2}$ – SV 模型参数估计结果及检验

参数	均值	标准差	95% 置信区间	Geweke 检验	无效影响因子
$(\Sigma_\alpha)_{42}$	2.4885	1.7749	[0.8066,8.0628]	0.317	211.02
$(\Sigma_\alpha)_{50}$	2.4023	1.6714	[0.8489,7.4632]	0.407	209.79
$(\Sigma_\alpha)_4$	0.147	0.2448	[0.0408,0.9439]	0.032	166.25
$(\Sigma_\alpha)_5$	0.1418	0.2272	[0.0419,0.8641]	0.106	170.41
$(\Sigma_\alpha)_1$	0.2626	0.1247	[0.0842,0.5636]	0.11	138.81
$(\Sigma_\alpha)_4$	0.2292	0.1462	[0.0669,0.6995]	0.006	147.76

注:此处仅汇报对应无效影响因子取值最大的两个时变参数的估计结果,全部估计结果备索。

(资料来源:根据 Oxmetrics 6.0 估计的结果整理。)

3.5 结论及政策建议

基于 1995 年第 1 季度到 2017 年第 2 季度的通胀率、实际产出、失业率和广义货币供应量等 4 组数据,构建结构向量自回归(SVAR)模型测度产出缺口,并在扩展模型中放松固定参数的假设,采用带有随机波动的时变参数结构向量自回归(TVP – SVAR – SV)模型揭示了实际产出影响因素的时变特征。研究表明:

第一,自 1995 年以来,中国经济经历了 4 个周期。2011 年第 1 季度起,产出缺口波动趋于平稳化,符合"大稳健(great moderation)"的特征。依据 Camba – Mendez 和 Rodriguez – Palenzuela(2003)提出的三项标准,引入 M2 后重新估计的产出缺口对通胀的预测性较好,准确地捕捉经济周期的变化,具有较好的稳定性。这表明应重视金融周期对实体经济的叠加效应,防止金融部门的发展与实体经济基本面背离,健全"双支柱"的调控框架,减轻去杠杆过程中资产价格下跌和信贷紧缩对经济原本真实有效需求的压制。

第二,货币供应量方程、通货膨胀方程和产出方程的截距项都具有时变特征。实际产出对通货膨胀正向冲击的脉冲响应呈现"驼峰"状。1996 年之前,"托宾效应"短暂存在,一个正向的通货膨胀冲击在随后 4 个季度内对产出有微弱的正向作用。然而,2003 年以来,通货膨胀的"逆托宾效应"显现,通货膨胀冲击对产出的负向作用加深。随着全球经济缓慢复苏,国际油价回暖,应加强通胀预期管理,既要引导企业优化存货调整,有效降低存货波动对产出波动的影响,也要稳步提高再分配过程中居民部门的比重,完善收入指数化政策。

第三,宽松货币政策的产出效应大幅降低,响应周期明显缩短。因此,在发达经济体陆续进入加息周期的环境下,既要注重防范和化解区域性金融风险,最大程度地减轻资产市场顺周期性对实体经济的冲击。即使实际产出增速略有回落,也不轻言强刺激。同时,更应将政策重点放在激发民营经济活力,促进民间投资增速回升上,深化"放管服"改革,扩大减税降费,改善投融资环境。

受假设所限,本章没有估计时变参数模型下的产出缺口。在开放条件下继续探索产出缺口的演变特征及影响机制也是未来进一步改进的方向。

第4章

异质性资本、产能利用与中国潜在产出
——基于状态空间模型的估算与展望

考虑到不同时期资本利用水平的差异,以及不同类别资本蕴含的生产率变化的异质性,本章将产能利用率、设备资本、建筑资本引入时变要素产出弹性的状态空间模型,测算了1981—2017年中国的潜在产出。研究发现:随着去产能措施的持续推进,设备资本产出弹性企稳回升,物质资本与有效劳动产出弹性逆转的趋势有所缓和;2010年以来,受全要素生产率增速放缓、人口老龄化程度加大等结构性因素影响,潜在经济增速走低,产出缺口显著下降;未来十年中国经济仍将面临较大的下行压力,潜在经济增长率将呈现稳中趋缓走势。乐观、中性和悲观情景下,平均潜在增长率2019—2020年分别为6.7%、6.1%和5.7%,2021—2025年分别为6.4%、5.9%和5.3%,2026—2030年分别为6.1%、5.4%和4.7%。

改革开放四十多年来,中国经济实现了持续较快增长。2010年以来,经济增速明显放缓,下行压力不减。对此,有学者认为是周期性原因造成的(林毅夫,2018),还有学者则认为是由结构性原因引起的(沈坤荣,2013;蔡昉,2016;田国强,2018)。随着国外贸易保护主义的抬头,国内供给侧结构性改革进入深水区,去产能、降杠杆的同时如何稳定经济增速,中国未来经济增长空间如何?探索这些问题不仅对研判中国经济增长潜力具有重要的理论意义,对新时期完善宏观调控政策思路也具有鲜明的实践价值。

4.1　相关文献研究综述

作为理解经济增长潜力和发展趋势的重要依据,潜在产出概念自从奥肯(Okun,1962)首次提出以来,相关文献浩如烟海。随着 SNA 体系的引入,对中国潜在产出的研究逐渐受到重视。许召元(2005)较早估计了中国季度产出缺口,肯定了多变量状态空间——卡尔曼滤波相较于 HP 滤波法在捕捉金融危机冲击、反映经济过热方面的优越性。此后,结构向量自回归、动态随机一般均衡模型等相继被引入潜在产出的估计(赵昕东,2008a;郭红兵和陈平,2010;马文涛和魏福成,2011)。不过,现有研究仍存在一些改进的空间,譬如:多数文献对资本规模的测算直接使用扣除折旧后的物质资本存量来表征,忽视了不同时期资本品的异质性,高估了资本的贡献。因为耐久性资本品在生产过程中被重复使用,即期经济产出并非整体资本存量作用的结果,仅与即期资本服务量及服务效率直接相关。而且,在经济周期不同阶段,企业产能的利用程度不同(龚敏等,2016)。新物质资本的生产效率高于旧物质资本,闲置资本实际上没有参与生产过程,故利用全部物质资本存量来估算潜在产出会产生较大的测量误差,迫切需要重新审视物质资本的有效投入。

现有文献主要通过景气指数和统计分解等方式来获得对产能利用水平的估计。前者常以中国人民银行 1992 年开始公布的中国 5000 户工业企业的设备能力利用水平作为计算依据(郭学能和卢盛荣,2018)。此方式受限于景气扩散指数和产业部门的划分,仅将工业的有效物质资本作为全社会资本存量的表征,易产生较大疏漏。后者常采用成本函数法、数据包络分析法、峰值法、滤波法等。其中,成本函数法的测算基于公司长期平均成本最低点假定(Berndt & Morrison,1981;韩国高等,2011),这对一些长期平均成本为 L 型的公司寻找起来比较困难。数据包络分析对多产出的生产,假设所有产出同比例变动,适合测算短期的产能利用率。峰值法则将技术变化作为引起设备利用率变化的唯一因素(沈利生,1999),仅适用于单一投入和产出的情况且存在"弱高峰"问题。近来,将产能利用率的估算转化为对产出缺口的估算思路得到一些学者的关注(中国社会科学院财经战略研究院课题组,2014),尤其是对产出缺口的诸多研究也为降低产能利用率的估算偏误提供了可能。长期看,产能与资本存量存在协同变化的特征(Shaikh & Moudud,2004)。据此,一些学者从资本存量与产能之间的长期均衡关系中寻找产能利用率的测算依据(何蕾,2015)。此方法不仅所需数据较少,对生产函数的形式也无特别限制。

鉴于此,本章尝试通过估算产出缺口来获得设备资本利用率,并将 Cobb – Douglas 生产函数扩展至包含异质性资本和产能利用率的时变要素产出弹性生产函数;再采用状态空间模型和卡尔曼滤波算法,估算中国 1981—2017 年间的潜在产出和产出缺口;最后借助资本存量与产能之间的长期均衡关系,检验结论的稳健性。本章与郭晗和任保平(2014)、吴国培等(2015)以及郭学能和卢盛荣(2018)关注的主题比较接近,边际贡献在于:一是将物质资本存量分解为建筑资本和设备资本两部分,有利于揭示生产率异质性的资本对产出增长贡献的差异,改进了对有效物质资本规模的估算;二是将时变产能利用率引入生产函数,有助于捕捉物质资本结构的变化,降低了忽视产能利用率而导致的潜在产出估计偏误。

4.2 模型构建与数据说明

4.2.1 模型构建

改革开放 40 多年来,全国固定资产投资快速增长,劳动力素质大幅提升,科技创新能力持续增强,产业结构呈现由"二一三"向"二三一",再向"三二一"的演变特征。因此,构建时变要素产出弹性的生产函数以捕捉经济结构变迁的影响。具体形式如下:

$$Y_t = A(t)(\mu_t K_{s,t})^{\alpha_t} K_{z,t}^{\beta_t}(h_t L_t)^{\gamma_t} = A_0 e^{r_t t}(\mu_t K_{s,t})^{\alpha_t} K_{z,t}^{\beta_t}(h_t L_t)^{\gamma_t} \quad (4-1)$$

式中,Y_t、$K_{s,t}$、$K_{z,t}$、L_t 分别表示第 t 期的实际产出、设备资本投入、建筑资本投入和劳动力投入;h_t 表示人力资本;$h_t L_t$ 表示附加人力资本后的有效劳动;μ_t 刻画设备资本产能利用率;$\mu_t K_{s,t}$ 表示有效设备资本投入;α_t、β_t、γ_t 分别表示设备资本、建筑资本和有效劳动的产出弹性;$A(t) = A_0 e^{r_t t}$,A_0 为初始技术水平,r_t 表示技术水平年增长率。

对式(4-1)两端取对数,并假设规模报酬不变,即 $\alpha + \beta + \gamma = 1$,得

$$\ln Y_t = \ln A_0 + r_t \times t + \alpha_t \ln(\mu_t K_{s,t}) + \beta_t \ln K_{z,t} + (1 - \alpha_t - \beta_t)\ln(h_t L_t)$$

$$(4-2)$$

令 $y_t = \ln Y_t$,$c = \ln A_0$,$k_{s,t} = \ln(\mu_t K_{s,t})$,$k_{z,t} = \ln K_{z,t}$,$l_t = \ln(h_t L_t)$,构建状态

空间模型如式(4-3)~式(4-6)所示。

量测方程：

$$y_t = c + r_t \times t + \alpha_t k_{s,t} + \beta_t k_{z,t} + (1 - \alpha_t - \beta_t) l_t + \varepsilon_t \qquad (4-3)$$

状态方程：

$$r_t = \lambda r_{t-1} + \omega + \mu_t \qquad\qquad (4-4)$$

$$\alpha_t = \theta \alpha_{t-1} + \pi + \eta_t \qquad\qquad (4-5)$$

$$\beta_t = \varphi \beta_{t-1} + \delta + \zeta_t \qquad\qquad (4-6)$$

式中，y_t、$k_{s,t}$、$k_{z,t}$、l_t 为可观测向量；r_t、α_t、β_t 为不可观测的状态向量，并服从 AR(1)过程，如式(4-4)~式(4-6)所示；λ、θ、φ、ω、π、δ 分别为各状态方程的一阶自回归系数，有待估计；μ_t、η_t、ζ_t 均为独立且服从正态分布的随机扰动项。

4.2.2 数据说明

国家统计局对设备投资和建筑投资规模的核算结果于 1981 年正式公布，因此，选取 1981—2017 年作为样本区间，主要变量的处理方法及数据来源如下：

1. 实际产出

根据《新中国五十五年统计资料汇编》，将国内生产总值指数调整为以 1952 年为基期的定基指数，从而将名义 GDP 调整为以 1952 年为基期的实际 GDP。

2. 物质资本存量

选用永续盘存法来估算中国的物质资本存量，计算公式为：$K_t = (1 - \delta) \times K_{t-1} + I_t / p_t$。其中，$K_t$ 是第 t 期以基年不变价格计价的实际资本存量，I_t 是以当期价格计价的投资额，p_t 为 t 期定基价格指数，δ 是折旧率。选择固定资本形成总额作为当年投资；对于投资价格指数，根据《中国国内生产总值核算历史资料(1952—1995)》《中国国内生产总值核算历史资料(1952—2004)》，得到以 1952 年为基期的价格平减指数，基期的资本存量按照 $K_0 = I_0 / (g_t + \delta)$ 来推算。其中，K_0 是基期资本存量，I_0 是基期投资额，g_t 是样本期实际投资的年增长率。经济折旧率与单豪杰(2008)相同，设为 10.96%。

3. 建筑资本与设备资本存量

借鉴赵志耘等(2007)的做法，将 1980 年作为基年，利用 1981—2017 年设备投资占建筑和设备投资之和比重的平均值(27%)来确定基年设备资本和建筑资本的投入。其中,1980 年全国资本存量来源于单豪杰(2008)的估算。此外,对于 1981—1990 年间缺失的固定资产投资的价格指数,采用线性拟合的方法,先计算 1991—2017 年设备资本和建筑资本投资价格指数与全社会固定资产投资价格指数比率的平均值,再分别乘以 1981—1990 年全社会固定资产投资价格指数。对于折旧率,依据《企业所得税法》规定的最低折旧年限,设定建筑资本和设备资本的年折旧率分别为 5% 和 10%。

4. 就业规模与人力资本存量

采用全社会就业人数表示劳动力投入规模。由于 20 世纪 90 年代初统计核算体系衔接,1990 年全社会就业人数较 1989 年增加了 9420 万人,增长率高达 17%,远远高于 1981—1989 年间 3.5% 的平均增速。因此,遵循吴国培等(2015)的建议,对就业人数的波动适当处理。具体做法为:1991 年之后的就业人数以统计年鉴公布的为准;1982—1990 年间,起止年份低估的就业人数分别为 6859 万人和 8009 万人,可知这 8 年间被低估的就业人数年平均增速为 1.96%,以此增速进行折算,再加上统计年鉴公布的就业人数即可得到各年调整后的就业人数;为了保证统计口径的一致性,将 1982 年之前年份低估的就业人数依然以 1.96% 的增速反向折算,得到 1981 年的就业人数。最终获得各年调整后的就业人数。对于人力资本存量,采用 Holz(2005)估计的中国就业人口的平均受教育年限表示。

5. 产能利用率

较早对资本利用水平的界定是指现有资本投入生产的密度,如每天或每周的工作时间(Taubman & Wilkinson,1970;Calvo,1975)。实践中,由于基础统计资料所限,一些学者将产能利用率视为提供服务的资本存量与全部资本存量之比(龚刚和杨琳,2002),或采用"设备利用率"来反映资本(资产)实际利用水平(杨光,2012;樊茂清,2017),或将其视为实际产出与潜在产出之比(Garofalo & Malhotra,1997)。为了反映全社会有效物质资本水平,避免采用单一部门表征带来的估计偏误,基于现实指导和理论探索两方面的考虑,借鉴中国社会科学院财经战略研究院课题组(2014)的做法,将产能利用率的估算转化为对产出缺口的估算。具体地,先将实际产出的趋势项视为当产能利用率达到 100% 时对应的产出水平,再用 100% 减去实际产出,与产出趋势项偏离的百分比,进而得到产能利用水平。最后,采用 Shaikh 和 Moudud(2004)提出的协整法重新测算,以考察结论的稳健性。

各变量的描述性统计如表4-1所示。

表4-1　变量的描述性统计

变量	含义	均值	中位数	最大值	最小值	标准差
y_t	实际产出	10.0195	10.0235	11.6170	8.2759	1.0208
$k_{s,t}$	有效设备资本	9.6529	9.3800	12.4192	7.4984	1.5435
$k_{z,t}$	建筑资本	10.5276	10.4006	12.9008	8.5756	1.2800
l_t	有效劳动	13.1765	13.2390	13.5524	12.5849	0.2880
μ_t	产能利用率	0.9982	1.0033	1.0516	0.9402	0.0323

4.3　实证分析

针对式(4-3)~式(4-6)组成的时变参数状态空间模型,采用卡尔曼滤波算法,先估算设备资本、建筑资本和有效劳动的产出弹性,再代入总量生产函数式(4-1),分析潜在产出和产出缺口的演变特征。

4.3.1　要素产出弹性的估计

首先对各变量进行平稳性检验,结果显示其均为一阶单整序列。进一步构建向量自回归模型检验各变量之间是否存在协整关系。根据施瓦茨准则和赤池信息准则,确定VAR模型的最优滞后阶数为1阶。Johansen迹统计量检验结果表明各变量之间存在稳定的均衡关系。进而应用Eviews10.0软件进行估计,得到设备资本、建筑资本和有效劳动的产出弹性,估计结果如表4-2所列。

表4-2　设备资本、建筑资本和有效劳动的产出弹性估计结果

年份	α_t	β_t	γ_t	年份	α_t	β_t	γ_t
1981年	0.3594	0.174334	0.4663	1985年	0.4053	0.172709	0.4220
1982年	0.3859	0.201561	0.4125	1986年	0.3900	0.176470	0.4336
1983年	0.4339	0.163058	0.4030	1987年	0.3854	0.176164	0.4385
1984年	0.4243	0.166014	0.4097	1988年	0.3823	0.175685	0.4420

续表

年份	α_t	β_t	γ_t	年份	α_t	β_t	γ_t
1989 年	0.3794	0.175371	0.4453	2004 年	0.3642	0.174324	0.4615
1990 年	0.3776	0.175001	0.4474	2005 年	0.3634	0.174327	0.4623
1991 年	0.3782	0.174535	0.4473	2006 年	0.3629	0.174328	0.4627
1992 年	0.3787	0.174283	0.4471	2007 年	0.3627	0.174329	0.4629
1993 年	0.3778	0.174220	0.4480	2008 年	0.3617	0.174331	0.4640
1994 年	0.3762	0.174220	0.4495	2009 年	0.3605	0.174332	0.4652
1995 年	0.3747	0.174228	0.4510	2010 年	0.3598	0.174333	0.4659
1996 年	0.3730	0.174250	0.4528	2011 年	0.3598	0.174333	0.4659
1997 年	0.3713	0.174271	0.4544	2012 年	0.3594	0.174333	0.4663
1998 年	0.3697	0.174288	0.4560	2013 年	0.3591	0.174333	0.4666
1999 年	0.3684	0.174299	0.4573	2014 年	0.3590	0.174333	0.4667
2000 年	0.3674	0.174307	0.4583	2015 年	0.3591	0.174333	0.4666
2001 年	0.3665	0.174313	0.4592	2016 年	0.3594	0.174333	0.4663
2002 年	0.3657	0.174317	0.4599	2017 年	0.3599	0.174333	0.4657
2003 年	0.365	0.174321	0.4607				

如表 4 - 2 所示,受资本回报率下降的影响,物质资本与有效劳动的产出弹性呈现逆转特征。2017 年,设备与建筑两类资本的产出弹性之和($\alpha_t + \beta_t$)下降至 0.5343,相较于 1983 年时的最高水平下降了 11.7%。相应地,在规模报酬不变的约束下,随着人力资本水平的持续改善,有效劳动产出弹性(γ_t)较 20 世纪 80 年代初显著上升。对物质资本内部的观察进一步发现,不同时期的建筑资本,因质量基本保持不变,产出弹性稳定在 0.1740 左右。相比之下,新设备蕴含着更多的前沿技术进步,比旧设备拥有更高的生产率,设备投资对于产出增长的拉动作用突出,1 单位设备资本对产出的贡献达到建筑资本的 1.9 ~ 2.7 倍。不过,受国内外需求波动的冲击和一些周期性行业产能过剩的影响,设备

资本利用率波动较大,其产出弹性自 20 世纪 90 年代初开始呈现下降的趋势。直到 2013 年之后,随着供给侧结构性改革推进,钢铁、煤炭、水泥等行业过剩产能得以压减,产业结构持续优化、减税降费力度加大带动了制造业新一轮设备投资,促使其产出弹性企稳回升。

　　检验结果显示,设备资本、建筑资本和有效劳动的参数 α_t、β_t、γ_t 的均方差都很小(表 4 - 3),表明统计检验结果显著。量测方程残差的 ADF 检验 t 统计量的值为 -3.08(1% 和 5% 显著性水平下的 t 检验临界值分别为 -3.63 和 -2.95),表明在 5% 的显著性水平下模型的残差是平稳的,估计结果有效。其中,1981—2017 年技术水平变化率在 0.0052 附近窄幅波动,与吴国培等(2015)的测算结果相近。

表 4 - 3　状态空间模型可变参数统计检验结果

参数	最终状态	均方差	Z 统计量	P 值
γ_t	0.0052	0.0000	502.8874	0.0000
α_t	0.3599	0.0086	41.9611	0.0000
β_t	0.1743	0.0003	526.3525	0.0000

4.3.2　潜在产出与产出缺口的估算

　　根据对设备资本利用率以及建筑资本、设备资本和有效劳动时变产出弹性的估计,由 $A_t = Y_t / (\mu_t K_{s,t})^{\alpha_t} K_{z,t}^{\beta_t} (h_t L_t)^{\gamma_t}$,可得历年的全要素生产率及其趋势值。对于潜在就业水平,本章根据以下公式来计算。

$$L_t^* = Ls_t \times Tr_{p,t} \times (1 - \text{NAWRUT}_t) \tag{4-7}$$

式中,L_t^* 和 Ls_t 分别为潜在就业人数和工作年龄人数;$Tr_{p,t}$ 为趋势劳动参与率;NAWRUT_t 为非工资引致的失业率。对于劳动参与率和失业率,本章借鉴郭庆旺和贾俊雪(2004)的方法,用就业人数和经济活动人口数计算劳动参与率,然后分别对劳动参与率和经济活动人口进行 HP 滤波处理,将其趋势序列分别相乘,得到就业人口的潜在水平。同理,将剔除人力资本序列周期项之后的趋势值视为潜在的人力资本。

　　根据上述估算,可以得到趋势的全要素生产率、潜在人力资本和潜在就业水平。不失一般性,将实际物质资本存量视为资本投入的潜在水平。将以上数据代入总量生产函数,即得到历年的潜在产出水平以及产出缺口比率。如表

4 - 4 所示,除个别异常年份,1981—2017 年中国产出缺口比率在 - 3.76% ~
2.82% 之间变动,连续三年以上产出缺口为负的时期分别为 1986—1992 年、
1998—2001 年和 2012—2016 年,正负基本均衡。此外,产出缺口的波动趋于下
降。2011—2017 年的产出缺口的波动率为 0.0086,仅为 1981—1991 年、1991—
2001 年、2001—2011 年的 1/10、3/5 和 4/5。

表 4 - 4　中国潜在产出和产出缺口估算结果(1981—2017 年)

年份	实际产出(亿元)	潜在TFP	建筑资本存量(亿元)	设备资本存量(亿元)	潜在就业人数(万人)	潜在人力资本(年)	潜在产出(亿元)	产出缺口比率(%)
1981 年	3928	0.2152	5301	1805	50839	5.83	5058	- 22.33
1982 年	4281	0.2203	5774	1835	52418	5.90	4223	1.39
1983 年	4744	0.2250	6327	1954	53996	5.97	4169	13.79
1984 年	5465	0.2288	6990	2264	55565	6.05	4844	12.81
1985 年	6197	0.2316	7830	2647	57110	6.14	5813	6.61
1986 年	6749	0.2336	8845	2977	58614	6.25	6789	- 0.59
1987 年	7538	0.2352	10077	3480	60058	6.36	7746	- 2.69
1988 年	8383	0.2369	11376	3999	61428	6.48	8699	- 3.63
1989 年	8735	0.2389	12422	4054	62709	6.60	9249	- 5.56
1990 年	9075	0.2415	13318	4009	63895	6.73	9676	- 6.2
1991 年	9919	0.2447	14329	4250	64984	6.86	10307	- 3.76
1992 年	11328	0.2486	15645	4903	65983	6.99	11372	- 0.39
1993 年	12903	0.2528	17321	5809	66904	7.11	12783	0.93
1994 年	14580	0.2571	19383	6881	67761	7.24	14421	1.11
1995 年	16184	0.2613	21830	7669	68566	7.36	15891	1.84
1996 年	17786	0.2654	24467	8523	69331	7.48	17465	1.83
1997 年	19422	0.2690	26987	9647	70060	7.61	19227	1.01
1998 年	20937	0.2723	29903	10728	70754	7.73	20984	- 0.23
1999 年	22549	0.2753	32879	11849	71413	7.86	22739	- 0.84

续表

年份	实际产出 （亿元）	潜在 TFP	建筑资 本存量 （亿元）	设备资 本存量 （亿元）	潜在就 业人数 （万人）	潜在人 力资本 （年）	潜在 产出 （亿元）	产出缺 口比率 （%）
2000 年	24466	0.2778	36006	13169	72035	7.98	24602	−0.55
2001 年	26497	0.2799	39464	14677	72618	8.10	26578	−0.31
2002 年	28908	0.2815	43520	16488	73161	8.21	28738	0.59
2003 年	31799	0.2826	48625	19275	73662	8.33	31517	0.89
2004 年	35010	0.2831	54805	23122	74124	8.44	34849	0.46
2005 年	39001	0.2828	62615	28656	74546	8.55	38966	0.09
2006 年	43955	0.2819	72512	35615	74933	8.65	43530	0.97
2007 年	50170	0.2803	84389	45025	75288	8.76	48794	2.82
2008 年	55037	0.2779	97427	55472	75616	8.87	54057	1.81
2009 年	60210	0.2748	116247	69100	75919	8.98	60319	−0.18
2010 年	66592	0.2712	138323	86599	76204	9.09	67155	−0.84
2011 年	72985	0.2672	161246	103391	76472	9.21	72972	0.02
2012 年	78751	0.2630	188922	122615	76726	9.32	79105	−0.45
2013 年	84894	0.2585	223124	145717	76969	9.43	85827	−1.09
2014 年	91091	0.2540	262823	170413	77201	9.55	92442	−1.46
2015 年	97376	0.2494	307683	196913	77425	9.66	98962	−1.6
2016 年	103900	0.2449	355903	222573	77643	9.78	104829	−0.89
2017 年	110965	0.2405	400620	247508	77857	9.89	109820	1.04

4.3.3 潜在增长率与产出缺口演变特征

观察潜在产出增长率的变化，按照"谷－谷"法划分，1982 年以来中国经历了四轮经济周期（图 4－1）。第一个周期（1982—1990 年）受投资和消费需求拉动，1985 年中国经济首次达到增长波峰，此后随着控制信贷投放、清理固定资产投资项目，增速开始回落并在 1990 年步入波谷。第二个周期（1990—2000 年）

以邓小平同志南巡讲话发表为标志,改革开放步伐加快,经济呈现恢复性增长,直到1997年亚洲金融危机爆发,外向型经济遭遇重创,好在财政政策和货币政策及时转向,潜在增长率下滑势头得以遏制。第三个周期(2000—2008年)开启以中国加入WTO为契机,融入经济全球化的开放红利和城市化进程加快双轮驱动为潜在产出的增长注入强劲的动力,潜在增长率稳步回升。直到2008年美国次贷危机爆发,外部需求降低使得出口、投资需求大幅萎缩。第四个周期(2008至今),国际金融危机后的大规模刺激政策在一定程度上缓解了经济下滑势头。不过,由于国际经济艰难复苏、国内"人口红利"的消失,钢铁、煤炭、水泥等行业产能过剩矛盾突出,经济下行压力不减,2010年以来潜在增长率持续回落。

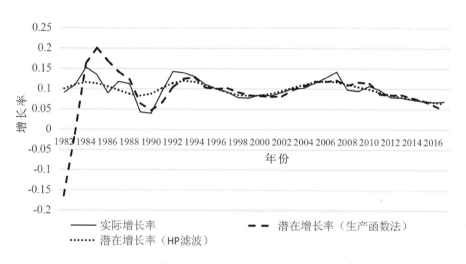

图4-1　潜在经济增长率和实际经济增长率比较

如图4-2所示,与采用HP滤波法获得的产出缺口相比,基于异质性资本和时变产能利用率的生产函数法测算的产出缺口包含了更为详细的结构变化和波动信息,与宏观经济运行的特征事实更为吻合。譬如,1982—1984年,受投资和消费需求的拉动,中国经济开始回升,甚至在1984年出现过热,正向产出缺口扩大至12.81%。类似情形还出现在1986—1990年,两次"利改税"之后,企业投资生产积极性提高,工资性收入增长超过劳动生产率提高引起成本推动型通胀。在控制投资、信贷检查等一系列宏观调控措施的作用下,物价总水平快速回落,投资过度和生产过剩显现,负向缺口下探至-6.20%。

此后,为应对 1997 年亚洲金融危机的冲击,尽早走出总需求低迷、经济增长乏力的困境,在积极的财政政策和稳健的货币政策配合下,中国经济实现"软着陆",负向产出缺口收窄至 −0.31%。新世纪伊始,全球产业链的转移带动了国内投资需求,生产者价格指数回升,2002—2008 年产出缺口持续为正。而且,自 2010 年以来,中国的产出缺口波动幅度趋于平稳化且在均衡点附近微幅波动。这说明随着社会主义市场经济体制的不断完善,宏观经济政策预调微调的能力增强,增长新动能得到有效激发,经济系统对于结构冲击的缓冲作用日趋明显。这与林建浩和王美今(2013)、娄峰(2015)对中国经济"大稳健"特征的研判是一致的。

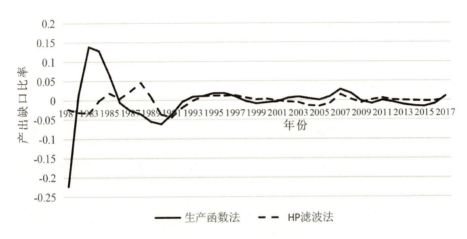

图 4 - 2 产出缺口比率比较:生产函数法与 HP 滤波法

4.4 稳健性检验

为避免因产能利用率估算方法不同而影响潜在经济增长率的测算结果,本书借鉴协整理论的研究思路,对产能利用率进行再估计,以检验结论的稳健性。Shaikh 和 Moudud(2004)首次采用协整法得到的美国 20 世纪 50—80 年代的制造业产能利用率与调查统计得到的产能利用率趋势高度吻合。何蕾(2015)也采用相似的方法测度了中国两位数工业行业产能利用率。其核心逻辑在于:若产出与固定投入要素之间满足协整条件,意味着两者之间存在一种稳定的长期关系。如果把固定资本存量看作是单一的固定投入要素,那么由固定资本存量

所确定的产出长期趋势便可视作产能。鉴于此,本章构建如下恒等式:

$$Y_t = (Y_t/Y_t^*) \times (Y_t^*/K_t) \times K_t \tag{4-8}$$

式中,Y_t 表示产出;Y_t^* 表示产能;K_t 表示资本存量。

同时,定义产能利用率 $\mu = (Y_t/Y_t^*)$,资本产能比 $W = (K_t/Y_t^*)$,对式(4 - 8)两边取对数,可以得到:

$$\log Y_t = \log K_t - \log W_t + \log \mu_t \tag{4-9}$$

结合式(4 - 8)、式(4 - 9)以及产能利用率和资本产能比的定义可知,只要计算出产能(Y_t^*),即可得到产能利用率(μ)。假定长期实际产出围绕产能上下波动,且资本产能比(W)随时间变化,进而构建刻画产出与资本对应关系的计量模型:

$$\log Y_t = C + \lambda t + \eta \log K_t + \omega_t \tag{4-10}$$

式中,如果 $\log Y_t$ 与 $\log K_t$ 之间具有长期稳定关系,就可对式(4 - 10)进行回归,剔除残差项 ω_t,进而获得到产能 Y_t^*,再由式(4 - 9)得到产能利用率。已有研究表明,一些 OECD 国家的产出与固定资本存量之间存在长期稳定关系(Shaikh & Moudud,2004),对处于工业化、城镇化和信息化叠加阶段的中国而言,类似关系是否存在仍需验证。协整检验结果表明在 10% 的显著性水平下,不能拒绝 $\log Y_t$ 与 $\log K_t$ 之间存在协整关系(表 4 - 5)。

表 4 - 5　Johansen 协整检验结果

协整关系数量	特征根	迹统计量	5%临界值	P 值
不存在	0.5802	33.9681	15.4947	0.0000
最多存在一个	0.0975	3.5911	3.8415	0.0581

如图 4 - 3 可知,将基于协整法估算的产能利用率代入式(4 - 1),重新估算的潜在经济增长率与基于生产函数法的估计值保持相似的趋势。这说明两种产能利用率估算方法的差异较小,对潜在产出的测算结果是稳健的。将物质资本存量划分为建筑和设备资本两部分,并将产能利用率与设备资本以乘积的形式引入生产函数中,兼顾了供给和需求两个方面的影响因素,有利于降低因忽视资本实际利用水平差异而导致的估计偏误。

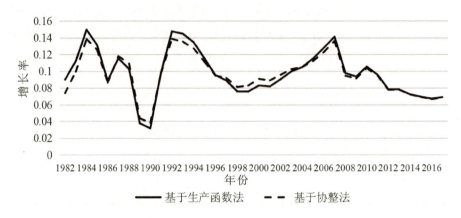

图4-3 不同资本利用率估算方法下的中国潜在经济增长率

4.5 中国潜在经济增长率展望

2019年中国人均GDP突破1万美元大关,未来十年是基本实现社会主义现代化的关键时期,展望中国潜在经济增长率的变化,首先需要研判劳动投入、资本存量、全要素生产率、产能利用率等关键变量的发展趋势,再将这些序列的趋势值代入生产函数。参考中国季度宏观经济模型(CQMM)课题组(2018),本章对各投入变量的预测模拟乐观、中性和悲观3种情景:乐观情景代表中国经济由高速增长阶段向高质量发展阶段的转型十分顺利;中性情景代表经济转型升级较为顺利,但也遭遇到一些内外部阻力;悲观情景代表内外部经济、社会挑战严峻,转型升级受阻。

4.5.1 关键要素的预测

1. 全要素生产率

全要素生产率的增长受到科技水平、资源配置效率、人力资本积累等诸多因素的影响。随着第四次工业革命的到来,在创新型国家发展战略的推动下,科技实力长足进步;供给侧结构性改革的持续推进,结构转型将不断提高资源配置效率;劳动年龄人口受教育程度的提高也将进一步丰富人力资本的积累。再结合以往中国全要素生产率增长率的变化特征以及已有研究(中国经济增长前沿课题组,2012;陆旸和蔡昉,2016)。因此,假定2019—2030年中国全要素生产率年均增速在乐观情景下为 2% ,中性情景下为 1.75%。不过,面对逆全球化的风险和发达经济体再工业化的挑战,尤其是技术封锁和关税壁垒,如果国内自主研发创新的实际进展不及预期,则悲观情景下全要素生产率的年均增速仅为 1.5%。

2. 人力资本存量

根据联合国人口署 2019 年的预测,中国 65 岁及以上人口占比在 1990 年为 5% ~ 10% ,2019 年为 10% ~ 15% ,2050 年将上升至 15% 以上。[1] 虽然中国从 2016 年开始实施"单独二孩"政策,以期人口老龄化的步伐得以减缓,但是这仅对 2030 年以后的劳动年龄人口规模有一定的影响。因此,预期未来十年中国 15 ~ 64 岁劳动年龄人口,在乐观情景下将以年均 3% 的速度逐年下降,中性情景下年均下降速度为 3.3% ,而悲观情景下可能加快至 3.6%。劳动年龄人口就业参与率总体呈现下降趋势,1982—2018 年期间的平均增速为 - 0.08% ,而 2008—2018 年期间的平均增速为 - 0.20%。在借鉴易信和郭春丽(2018)研究的基础上,假设 2019—2030 年中国劳动年龄人口就业参与率将保持 2008—2018 年的下降趋势,年均下降 0.2%。并将以上两者的乘积作为 2019—2030 年中国全社会就业人数的预测值。对于劳动力质量的变化,借鉴 Holz(2005)的预测结果。其中,2026—2030 年的数据,以年均 1% 的增速来估算。

3. 物质资本存量

根据国家发展改革委经济研究所课题组(2016)的研究,中国人口抚养比每上升 1% ,储蓄率将下降 0.8%。随着中国老龄化社会的到来,人口抚养比上升,储蓄率下降,投资增速的下滑将难以避免。尤其是伴随着农村劳动力转移速度和城镇化进程的逐步放缓,"住房不炒""租购同权"等政策的相继落实,投资"脱实向虚"的倾向将得以遏制。因此,预期未来十年投资增速仍将逐步回落,不同类别的资本积累可能进一步分化。一方面,由于多年以来基础设施建设领域高投资的累积效应,建筑安装工程投资占比将显著降低;另一方面,因蕴含新技术、新工艺较多的设备工具器具生产率高、折旧快,在产业结构升级需求的拉动下,其投资占比将会上升。鉴于此,再结合 2010 年以来物质资本存量年均增速下降 1% 的事实,假设乐观情景下,2019—2020 年,物质资本年均下降

① 参阅"United Nations, Department of Economic and Social Affairs, Population Division (2019)". *World Population Prospects* 2019: *Data Booklet.*

1%;2021—2030年,年均下降0.1%。中性情景下,2019—2020年,物质资本年均下降也为1%;而2021—2030年,年均下降0.15%。如果城市化的进程大幅度放缓且新产能的市场需求不及预期。那么,悲观情景下,2019—2020年,物质资本年均下降仍为1%;2021—2030年,年均降幅将扩大至0.2%。

4. 产能利用率

随着供给侧结构性改革的不断深入推进,煤炭、钢铁、水泥等领域的去产能取得积极的进展。不仅原有产能过剩企业的资产负债表得到进一步改善,而且商业银行的不良贷款率也有所下降,资产质量得到提升。未来去产能的方式将从行政性指令向市场化、法制化转变,各地将以混合所有制改革为突破口,进一步加大企业调整重组的力度,建立健全化解过剩产能的长效机制。因此,预期未来十年产能过剩问题有望得到有效的治理,产能利用率将稳中有升。不过,因受贸易保护主义的影响,尤其是全球价值链的低端锁定,国内产能利用率的上升空间依然有限。因此,假设乐观情景下,产能利用率年均增长1%;中性情景下,年均增长0.75%;悲观情景下,年均增速仅为0.5%。

5. 要素产出弹性

根据前文的测算,资本产出弹性总体呈现下降趋势,而有效劳动产出弹性逐年上升。不过,相较于有效设备资本产出弹性而言,建筑资本产出弹性的波动不大。因此,假设乐观、中性以及悲观三种情景下的产出弹性均为1981—2018年产出弹性的平均值0.2490。相对而言,有效设备资本产出弹性和有效劳动产出弹性的变化趋势较为明显,如2003—2018年有效设备资本产出弹性均值为0.3372,较1987—2002年下降了1.6%;而有效劳动产出弹性近15年相较于之前15年上升了1.2%。因此,假设未来十年,这三种情景下有效设备资本产出弹性和有效劳动产出弹性将延续这一趋势,有效设备资本产出弹性年均将下降0.11%,有效劳动产出弹性年均将上升0.08%。

4.5.2 情景模拟

根据以上假设,将样本数据外推后,再代入式(4-1),即可得到未来十年不同情景下的中国潜在经济增长率的预测值。如表4-6所示,未来中国经济增长仍将面临较大的下行压力,潜在经济增长率将呈现稳中趋缓的走势。2019—2020年,乐观情景、中性情景和悲观情景下潜在经济增长率的平均值分别为6.7%、6.1%和5.7%;2021—2025年,三种情景下潜在经济增长率的平均值分别为 6.4%、5.9% 和 5.3% ;2026—2030 年,三种情景下潜在经济增长率的平均值分别为 6.1%、5.4% 和 4.7%。

表 4-6 乐观、中性和悲观三种情景下 2019—2030 年中国潜在经济增长率预测

年份	全要素生产率			资本利用率			物质资本增速(%)			劳动力质量(年)	全社会就业人数(万人)	潜在经济增长率(%)		
	乐观	中性	悲观	乐观	中性	悲观	乐观	中性	悲观			乐观	中性	悲观
2019—2020 年	0.253	0.252	0.251	1.03	1.03	1.02	9.5	9.5	9.5	10.2	75484	6.7	6.1	5.7
2021—2025 年	0.271	0.268	0.264	1.07	1.05	1.04	8.7	8.55	8.4	10.5	74916	6.4	5.9	5.3
2026—2030 年	0.299	0.292	0.285	1.12	1.09	1.07	8.2	7.8	7.4	11.1	74206	6.1	5.4	4.7

4.6 结论及启示

本章将物质资本划分为建筑资本和设备资本,并将产能利用率引入设备资本积累过程,构建状态空间模型,采用卡尔曼滤波法估计 1981—2017 年物质资本、有效劳动等的时变产出弹性,并预测基准情形和悲观情形下未来十年中国潜在经济增长率,主要研究结论如下:

第一,随着去产能措施的持续推进,设备资本产出弹性企稳回升,物质资本与有效劳动产出弹性逆转的趋势有所放缓。

第二,2010 年以来,受全要素生产率增速放缓、人口老龄化程度加深等结构性因素的影响,潜在经济增长中枢下移。得益于宏观政策预调微调能力增强,产出缺口变动趋于平稳化且呈现"大稳健"特征。

第三,未来十年中国经济仍将面临较大的下行压力,基准情形下潜在经济增长率将呈现稳中趋缓的走势,悲观情形下如果转型升级受阻,2030 年潜在增速将下滑至 4.5%。

　　随着中国经济向高质量发展阶段迈进,需求结构转变预示着经济稳速增长有赖于战略性新兴产业和生产性服务业持续发展,提高要素配置效率,促进结构转型成为此阶段的重心。研究启示:一是尽管短期内物质资本与有效劳动的产出弹性逆转趋势不会彻底反转,但随着人口老龄化问题的加剧,应强化对人工智能、生物医药、区块链等前沿技术的识别研究,重视关键技术领域设备投资,推动"卡脖子"领域研发投入和资本深化,对冲劳动年龄人口下降对经济增长、社会保障等带来的不利影响。二是对产能过剩行业,要严格控制新建、在建产能,提高投资贷款门槛,加快市场化淘汰落后产能的步伐,积极引导产业结构重组,优化产能利用率,提升投资效率。三是将潜在经济增长率维持在适宜区间,既要深化科技教育体制改革,加大公共教育、基础教育投入,同时要注重对职业技术教育的投入,夯实高技能型人才培养,提升全要素生产率对产业结构转型和经济高质量发展的贡献。

第5章

资本要素结构优化的再配置效应研究
——基于产业内物质资本与人力资本的视角

提高要素配置效率是高质量发展阶段稳增长、保就业的有效途径。基于扩展的 MRW 模型,本章测算中国 1978—2015 年实际产出与最优产出之间的缺口以及矫正要素投入扭曲的再配置效应。研究发现:三次产业内物质资本和人力资本错配导致的产出损失率分别以 1999 年、2000 年和 1995 年为拐点,后一阶段较前一阶段均有所下降。各产业中两类资本配置扭曲程度得以缓和,其中第三产业的改善尤为明显。若其他要素投入趋势不变,三次产业内两类资本投入按最优比例调整,产出损失率有望分别减少 78.41%、76.18% 和 67.82%。

5.1 引言

改革开放以来,中国经济快速发展,取得的成绩举世瞩目。自 2010 年以来,经济增速放缓,贸易摩擦增多,生态环境约束增强,尤其是随着 2019 年年底新冠肺炎疫情发生并在全球蔓延,基建投资驱动和外贸出口拉动的发展模式越来越不能适应国内外新形势需求。目前,以大数据、云计算、人工智能等为代表的第四次工业革命悄然兴起,物质资本与人力资本的结合更加紧密。如何实施既有利于发挥资本潜力又能提升劳动价值的和谐发展战略,对推进新时期高质量发展具有重要的理论意义,对摆脱全球价值链的低端锁定也具有深远的实践价值。

受新冠肺炎疫情冲击的影响,2020 年第 1 季度中国经济同比下降 6.8%,

面临前所未有的挑战。每当"稳增长""保就业"的压力增大时,"重基本建设、轻公共服务"的支出偏好在一些地方就被强化。此次抗击疫情过程中,既看到我国"集中力量办大事"的优势,也突显卫生防疫、劳动教育等领域的短板和不足。横向比较,2018年财政用于教育的支出占GDP的3.58%,与发达经济体的差距有所缩小,不过投资占GDP的比重仍高达44.64%,物质资本投资与人力资本投资的比率高于世界大多数国家(Heckman,2005)。尽管城镇化进程尚未完成,保持一定规模的基建投资确有必要,但是,钢铁、水泥、电解铝等行业产能过剩与计算机系统、网络安全等高技术领域"卡脖子"问题亦愈发突显,劳动者技能结构和产业升级需求失衡的矛盾突出。21世纪以来,在财政支出中教育经费支出保持年均16%~51%增长,医疗卫生支出占财政支出的比重升高至7.0%以上,国民整体受教育水平大幅提升,健康状况显著改善。不过,转型经济体中往往存在严重的要素错配(Hsieh & Klenow,2009;Restuccia & Rogerson,2012),2011年中国16~59岁的劳动年龄人口达到峰值后逐年下滑,与固定资产投资年均21.10%的增速相比,各产业中人力资本是否"投资过度",错配程度是否得以缓和,亟须深入探讨。

实证研究发现,物质资本、人力资本以及制度因素对经济增长的贡献递减,而结构因素的作用越来越重要(孟望生等,2015),因此,减少劳动力和资本错配,提高要素的配置效率不失为一条发展理念转型的可行路径。现有研究分开考察了两类资本各自的投入产出效率(王林辉和袁礼,2014;赖德胜和纪雯雯,2015),忽视了资本有机地构成内在联系及偏向型技术进步自然演进的影响,对要素配置效率的评价存在一定局限性。鉴于此,与以往文献不同,本章从产业内资本有机构成的视角,在统一的增长核算框架下,重新审视改革开放四十多年来三次产业内人力资本与物质资本配置的演变趋势及典型特征。

本章的边际贡献在于:一是系统量化三次产业中两类要素的错配水平,揭示了矫正要素配置扭曲对产出增长的再配置效应,进而将乔红芳和沈利生(2015a)对潜在产出变化特征的观察从地域维度拓展至产业维度。二是将健康资本引入对要素配置效率的动态评价,有利于从人力资本形成全周期的视角,避免仅考虑教育资本导致低估人力资本对增长的贡献,为老龄化社会探索释放"第二次人口红利"提供新的经验证据。

5.2　文献回顾与研究假设

现有文献大致可划分为两类：一类是关于单一要素配置的研究。一些学者发现改进人力资本配置水平主要通过影响科技创新能力来提高全要素生产率，进而促进经济增长（王林辉和袁礼，2014；赖德胜和纪雯雯，2015）。物质资本配置不合理会导致产出缺口增大，甚至使得实际产出仅占潜在产出的 70% ~ 89%（王旭辉，2014）。随着市场化改革的深入，我国实体经济资本配置效率有所改进，从低碳经济发展的角度看，工业资本的流向是有效的（岳书敬，2011），但与发达国家相比，仍存在很大的优化空间，提高实体经济资本配置效率，可以有效地促进经济增长（张雪芳和戴伟，2016）。消除资本的错配，可以使社会福利提高 38%，并伴随 50% 的人口重新配置（陈诗一等，2019）。另一类文献是关于两类资本组合配置的研究。"人力资本结构研究"课题组（2012）和黄晶（2017）均强调提高物质资本和人力资本的匹配程度是中国跨越"中等收入陷阱"，实现经济增长的关键。长期看，物质资本与人力资本配置扭曲阻碍物质资本更好地发挥作用，相反，二者合理配置可以促进经济增长，减少社会不平等（Fleisher & Chen，1997），并显著且稳定地提升经济效率。尤其是人力资本结构升级有助于减缓物质资本投资增长速度下滑导致的中国潜在增长率下降（马红旗和徐植，2016）。不过，现有研究多从地域维度展开，忽视对产业内不同资本配置组合及其对产出增长影响的分析。事实上，物质资本过度配置与投入不足的情况并存，矫正 13 个重点行业的资本配置可使中国的总产出提高 20% ~ 40%（任韬等，2020）。而且，各产业中的企业运营方式不同，资本有机构成特征各异，有形资产投资在第一、二产业中所占比重往往较大，第三产业特别是生产性服务业的发展对无形资产和人力资本投资依赖更高。在工业化开始很长的一个发展阶段里，劳动密集型产业和物质资本密集型产业迅速发展，资本有机构成趋向提高。不过，对二战后美国、日本和英国资本有机构成变化的历史统计资料检验还表明，如果把产业扩展到服务业，资本有机构成并非趋向提高，而是波动的（李翀，2020）。据此，结合我国产业结构变迁和资本要素结构演进的特征，提出以下假设。

假设 5.1　工业化前中期，第一、二产业中物质资本与人力资本的最优配比大于 1，第三产业则相反，随着技术密集型产业的兴起，这一趋势得以减缓或逆转。

一些研究还观察到中国物质资本总投入大于人力资本，存在区域特征（郭晗和任保平,2014)。而且,实物资本和人力资本最佳配置下的产出大于实际产出,二者的差距逐步扩大(许岩等,2017)。生产资料优先增长的规律对处于不同工业化阶段的国家适用性不同(李翀,2019)。近年来,随着供给侧结构性改革、"房住不炒"等一系列举措相继实施,房地产投资热潮减退。特别是数字普惠金融的发展有效促进了实体经济的资本配置效率(刘瑞凝等,2019)。经济增长逐步由高速发展转向高质量发展,市场配置资源的作用加强,两类资本配置水平可能有所改善。因此,本章进一步提出假设5.2。

假设5.2 三次产业中物质资本与人力资本的组合配置均存在错配,与物质资本高投入相比,人力资本配置偏少。不过,近年来产业内两类资本组合配置的扭曲程度有所下降。

5.3 研究设计

5.3.1 机理分析

人力资本投入对产出增长和产业结构转型的作用不容小觑。为了捕捉产业内两类资本配置的相对变化,以便进行产业间的比较。在Mankiw等(1992)模型的基础上,构建如下生产函数:

$$Y_{it} = A_{it}^{\delta_i} K_{it}^{\alpha_i} H_{it}^{\beta_i} L_{it}^{\gamma_i} \tag{5-1}$$

式中,$i = 1$、2、3,分别代表第一、二、三产业;K_{it}、H_{it}和L_{it}分别为三次产业的物质资本存量、人力资本存量和就业人数;A_{it}表示技术进步水平;α_i、β_i和γ_i分别为三次产业物质资本、人力资本和劳动力的产出弹性。

对式(5-1)两边取对数,将其分解为:

$$\ln Y_{it} = \alpha_i \ln K_{it} + \beta_i \ln H_{it} + \gamma_i \ln L_{it} + \delta_i \ln A_{it} \tag{5-2}$$

物质资本与人力资本能否实现最优配置对生产效率,进而对经济增长质量都会产生深远影响。借鉴边雅静(2011)的做法,将物质资本与人力资本最优配置的探究从地域维度拓展至产业维度。设定社会资本(T_{it})既包括物质资本,又包括人力资本。当物质资本和人力资本都采用货币单位计量时,两者之间的实际配置比例(R_i)记为:

$$\frac{K_{it}}{H_{it}} = R_i \tag{5-3}$$

构建社会资本约束下的产出最大化问题:

$$\text{Max}\ Y_{it} = A_{it}^{\delta_i} K_{it}^{\alpha_i} H_{it}^{\beta_i} L_{it}^{\gamma_i} \tag{5-4}$$

$$\text{s. t.}\quad K_{it} + H_{it} = T_{it} \tag{5-5}$$

由式(5-3)可得:

$$K_{it} = R_i \times H_{it} \tag{5-6}$$

根据产出最大化问题的一阶条件,经整理可得:

$$\frac{\partial L_{it}}{\partial R_i} = \frac{\alpha_i}{R_i} - \lambda H_{it} = 0 \tag{5-7}$$

$$\frac{\partial L_{it}}{\partial H_{it}} = \frac{\alpha_i + \beta_i}{H_{it}} - \lambda(1 + R_i) = 0 \tag{5-8}$$

联立式(5-7)和式(5-8),产业内物质资本与人力资本的最优配置比例
(R_i^*)可以表示为其物质资本与人力资本的产出弹性之比,即

$$R_i^* = \frac{\alpha_i}{\beta_i} \tag{5-9}$$

5.3.2　变量说明及数据来源

为考察改革开放以来两类资本的配置特征及其变化趋势,将样本区间选定
为 1978—2015 年,与价格水平相关的变量都调整至以 1978 年为基期。核心变
量的含义及数据来源说明如下。

1. 物质资本存量

物质资本存量的核算采用永续盘存法。令 $K_{it} = (1 + \delta)K_{it-1} + I_{it}/P_{it}$。其
中,K_{it} 代表第 i 产业 t 年的物质资本存量,P_{it} 代表第 i 产业 t 年投资的平减指数,
I_{it} 代表固定资产投资额,δ 为折旧率。三次产业 1978—2002 年的资本存量根据
徐现祥等(2007)的估计结果,对全国各省区三次产业的资本存量加总得出。由
于分产业的固定资产投资不能直接获得,故对 2003—2015 年国民经济各行业
按产业属性加总,得出三次产业的固定资产投资水平。此外,借鉴宗振利和廖
直东(2014)的做法,第一产业的投资缩减指数(P_{1t})使用农业生产资料价格指
数;第二产业的投资缩减指数(P_{2t})由工业品出厂价格指数代替;第三产业的投
资缩减指数(P_{3t})则根据全国固定资产投资等于三次产业的固定资产投资之
和,推导而得[①]。1991 年之前的投资缩减指数均采用张军等(2004)计算的投资

---

① 第三产业的投资缩减指数具体计算公式为 $\dfrac{I_t}{P_t} = \dfrac{I_{1t}}{P_{1t}} + \dfrac{I_{2t}}{P_{2t}} + \dfrac{I_{3t}}{P_{3t}} \Rightarrow P_{3t} = I_{3t} \left/ \left(\dfrac{I_t}{P_t} - \dfrac{I_{1t}}{P_{1t}} - \dfrac{I_{2t}}{P_{2t}} \right)\right.$。

隐含平减指数。不失一般性,设定折旧率(δ)为5%。原始数据均来自历年的《中国统计年鉴》《中国国内生产总值核算历史资料(1952—1995)》。

2. 人力资本存量

与教育特征法、劳动收入法、终身收入法等测算人力资本存量方式相比,成本加权法将人力资本存量视为各种教育水平的劳动力人数与获得相应教育水平所需投资的乘积(沈利生和朱运法,1999),考虑到教育成本的权重,具有一定合理性。故本章采用成本法对三次产业各学历层次的劳动力进行加权,估算人力资本存量。鉴于教育、卫生健康等对人力资本的重要性(杨建芳等,2006),将教育人力资本与卫生人力资本之和作为估算人力资本总量的基础。于是,各产业中的人力资本水平可表示为:

$$H_{it} = J_{it} + W_{it} \qquad (5-10)$$

式中,H_{it}表示产业 i 的人力资本;J_{it} 和 W_{it} 分别为产业 i 的教育人力资本和卫生人力资本。

(1)教育人力资本

三次产业教育人力资本的计算公式如下:

$$J_{it} = \sum P_{ijt} \times C_{jt} \qquad (5-11)$$

式中,P_{ijt} 代表第 i 产业第 j 学历层次的从业人数;C_{jt} 代表获得 j 学历层次所需的教育经费投入。在王金营(2002)估算结果的基础上,通过线性内插法获得1978—1998年分产业的不同受教育程度从业人数。具体步骤为:因2003—2015年只公布分行业的全国就业人员受教育程度构成,并没有与之相对应的分行业全国就业人员数量,不过,可以查得分行业城镇单位就业人员年末数。因此,假设各行业城镇单位就业人员占全国就业人数的比重等于各行业的就业人数占全国就业人数的比重。据此,推算出2003—2015年的分行业全国就业人数,然后将其与分行业的全国就业人员受教育程度构成相乘,即为分行业不同受教育程度从业人员数。最后,按照产业属性归类,获得分产业不同受教育程度的从业人数。

采用生均教育经费表示不同学历层次的教育投入,并采用以1978年为基期CPI进行平减。因《教育经费统计年鉴》从1995年公布生均教育经费,因此,为简便起见,1978—1994年的生均教育经费采用乔红芳和沈利生(2015b)的估计结果。为保证分行业受教育程度的分类与教育经费分类的一致,将1978—1995年受教育程度分为小学、中学、大学三个类别;1995—1998年、2002—2014

年分为小学、初中、高中、大专及以上四个类别;1999—2001年、2014年分为小学、初中、高中、中专以及大专及以上五个类别。至此,获得1978—1998、2003—2015年的分产业不同受教育程度人数及不同受教育程度的教育经费,再按照式(5-11)估算得出教育人力资本。其中,1999—2002年缺失的数据通过三次样条插值法补齐。

(2)健康人力资本

健康人力资本采用《中国卫生统计年鉴》公布的卫生总费用来近似表示。由于卫生总费用没有分产业的统计,因此,以各产业就业人数的占比为权重加以估算。

$$W_{it} = l_{it} \times W_t \qquad (5-12)$$

式中,W_{it}表示i产业的健康人力资本;l_{it}表示i产业的就业人数占比;W_t则表示第t年全国卫生总费用。同样用CPI进行平减,换算成以1978年为基期的数据。全社会就业人数(L)、各产业的就业人数(L_i)均来自历年《中国统计年鉴》。

3. 技术进步

技术进步(A_{it})采用三次产业的科研经费支出来表征。考虑到按照三次产业划分的科研经费支出数据难以获取,但是全国科研经费支出和1989年以后细分行业的科研经费支出可以从《中国统计年鉴》《中国科技统计年鉴》获得,因此,基于已有的公开数据,分两个时段估算三次产业的科研经费支出水平。1988年之前,以三次产业增加值占比为权重,将《中国统计年鉴》公布的1978—1988年全国科研经费支出分解至各次产业;1988年之后,因《中国科技统计年鉴》开始逐年公布细分行业的科研经费支出,故对行业数据按三次产业进行归类,得到1989—2015年三次产业的科研经费支出。

相关变量的描述性统计如表5-1所列。

表5-1　变量的描述性统计

变量		样本量	均值	标准差	最小值	最大值
	Y_1	38	2668.12	1177.31	1018.50	5097.59
Y	Y_2	38	23316.22	24313.60	1755.20	82954.26
	Y_3	38	10779.67	10744.99	905.10	37644.01

变量		样本量	均值	标准差	最小值	最大值
K	K_1	38	3985.95	3647.47	1221.97	15919.16
	K_2	38	55001.66	75001.41	3173.68	298713.99
	K_3	38	51071.26	69832.29	1658.71	269689.01
H	H_1	38	823.52	572.44	120.68	2108.23
	H_2	38	2361.84	3351.06	48.12	11798.25
	H_3	38	4071.64	5044.28	58.43	16655.30
L	L_1	38	32095.37	4431.02	21919.00	39098.00
	L_2	38	15360.72	4930.30	6945.00	23241.00
	L_3	38	17115.59	8277.68	4890.00	32839.00
A	A_1	38	8.86	13.57	0.25	51.23
	A_2	38	141.62	156.85	15.31	542.15
	A_3	38	95.22	163.71	1.20	665.33

5.4 三次产业要素产出弹性的演化特征

改革开放四十多年来,中国市场化改革进程逐步深入,农业、工业以及服务业实现快速发展,有理由推测三次产业中物质资本和人力资本配置效率也随之发生了阶段性变化。因此,采用分段估计来揭示产业内两类资本最优配比,以弥补单阶段估计的局限性。同时,采用两阶段最小二乘法(TSLS)以降低内生性的影响。为避免异常值对潜在统计关系的破坏,采用稳健最小二乘法(ROBUSTLS),对异方差存在的情形,则采用加权最小二乘法(WLS)来估计。具体结果如表5-2所示。

表 5-2　三次产业分阶段要素产出弹性的估计结果

变量	第一产业		第二产业		第三产业	
	1978—1998 (ROBUSTLS)	1999—2015 (WLS)	1978—1999 (TSLS)	2000—2015 (TSLS)	1978—1994 (ROBUSTLS)	1995—2015 (TSLS)
$\ln K_i$	1.130	0.471***	0.189	0.085	0.621***	0.471**
	(0.91)	(0.268)	(5.481)	(0.345)	(0.117)	(0.306)
$\ln H_i$	0.263	0.053	0.959	0.447	0.643***	0.036
	(0.603)	(0.126)	(1.043)	(0.432)	(0.125)	(0.059)
$\ln L_i$	−0.088*	0.527	0.486	0.570*	−0.090	0.293
	(0.451)	(0.687)	(1.331)	(0.403)	(0.252)	(1.201)
$\ln A_i$	0.303**	0.327***	−0.548	0.024	−0.251***	0.089
	(0.192)	(0.080)	(0.845)	(0.155)	(0.079)	(0.325)
常数	0.107	0.161	−1.084	0.154	0.227	0.739
	(7.848)	(9.516)	(5.481)	(2.913)	(1.218)	(11.768)
R^2	0.990	0.994	0.990	0.990	0.964	0.990
F 值		592.930	486.328	122.981		586.361
最优配比	4.297	8.887	0.198	0.190	0.966	13.047

注:括号内是标准差,***、**和*分别表示在 1%、10% 和 15% 的水平上显著,下表同。

(资料来源:根据 EVIEWS 10.0 的估计结果整理。)

5.4.1　第一产业要素产出弹性演化特征

改革开放初,农业生产机械化水平较低,随着农产品购销体制改革和连续多年"中央一号文件"的积极部署,尤其是 21 世纪以来,农村税费改革、减免农业税等一系列支农、惠农举措相继推出,农业投入得到有力保障。分阶段来看,给定其他要素投入不变,后一阶段(1999—2015 年)农业物质资本投入每提高 1%,产出显著增长 0.471%。前一阶段(1978—1998 年),以"包产到户"为标志的土地制度改革激发了农业生产活力,不过农村劳动力冗余较多,弱化了劳动力对产出的贡献;后一阶段,随着户籍制度改革,农业剩余劳动力持续转移显著减轻了农村劳动力冗余,促使农业劳动力与其他生产要素有效融合,对产出的贡献大幅上升。后一阶段(2000—2015年)农业技术进步的产出弹性为0.327,比前一阶段增长7.92%,突显科技研发投入对农业增产增收的贡献,也表明继续推进农业现代化对振兴农业发展,进而决胜全面建成小康社会的重要作用。

5.4.2　第二产业要素产出弹性演化特征

改革开放后,工业化历经"结构纠偏、轻重工业同步发展"和"重化工业加速发展、产业结构高度化"两个阶段。加入WTO之前,资本要素相对缺乏,在工业化需求的带动下,第二产业固定资产投资实现年均13.07%的增长,对稳定产出增长起到较大作用。加入WTO之后,中国经济在更大范围和更深层次上融入了全球市场。以2000年为拐点,后一阶段(2000—2015年)物质资本产出弹性略低于前一阶段(1978—1999年)。其主要原因在于随着产业结构呈现服务化的迹象,经历了固定资产投资的快速增长之后,物质资本稀缺性降低,对产出增加的影响与前一阶段相比趋弱。相反,劳动力产出弹性在后一阶段对产出增加的贡献显著,这主要得益于工业化带动城市化水平提高,农村剩余劳动力加速转移至第二产业,"人口红利"持续释放。纵向比较,两个阶段中人力资本产出弹性均高于物质资本,突显了工业化中后期改善人力资本投资对推动产业链升级的重要性。

5.4.3　第三产业要素产出弹性演化特征

服务业的发展以1995年为拐点,划分为1978—1994年和1995—2015年两个阶段。与第一、二产业相似,资本边际回报率下降减弱了物质资本投入对增长的贡献,服务业物质资本产出弹性在后一阶段也出现下滑。此外,后一阶段服务业人力资本产出弹性也低于前一阶段,且不显著。可能的原因在于当前人力资本存量的结构还不能完全适应产业转型升级的需要。而且,随着人口老龄化程度加深,卫生费用支出上升较快,年均增长率高达15.55%,一定程度挤出了教育投资。工业化中后期传统服务业吸纳就业能力减弱,仅依靠劳动要素数量增加已经不能有效地拉动经济增长,服务业劳动力的产出弹性在第二阶段也不显著。相比之下,后一阶段服务业技术进步的产出弹性较前一阶段明显提高,意味着当前只有进一步夯实科技研发投入,通过加强职业教育、技能培训等多种途径挖掘"第二次人口红利"才能提升劳动生产率,促进要素投入结构优化,克服"鲍莫尔成本病"。

5.5　资本要素结构的典型特征及其再配置效应

根据式(5-9)和对三次产业物资资本和人力资本产出弹性的分阶段估计(表5-2),可明晰不同阶段两类资本配置的典型特征,并进一步获得优化两类资本投入的再配置效应。

5.5.1　物质资本与人力资本配置的典型特征

第一产业两类资本的最优配比由第一阶段的 4.297 提高到第二阶段的 8.887,这表明相同人力资本存量的情况下,第二阶段需要与之相匹配的物质资本存量为第一阶段的 2 倍。农业现代化进程中物质资本产出弹性相对人力资本产出弹性明显提高,预示发展精细农业、推动乡村振兴亟待产业资本的持续有效投入。

第二产业两种资本的最优配比由 0.197 微降为 0.190。长期以来,钢铁、水泥、电解铝等行业产能过剩周而复始,加剧了资本要素的配置扭曲。尤其是房地产投资的过快增长挤出制造业投资,导致第二产业物质资本产出弹性低于人力资本的产出弹性。面对产业升级和消费升级的双重压力,只有深化供给侧结构性改革,持续改善人力资本投资才能减轻要素错配。

第三产业两种资本配比由第一阶段的 0.966 大幅增至第二阶段 13.083。这反映与工业化前期相比,工业化中后期尤其是随着生产性服务业的快速发展,对人均资本装备水平提出更高要求,服务业中 1 单位人力资本需要约 13 单位物质资本与之匹配,才能实现产业内两类资本的最优配置。

5.5.2　资本要素结构优化的再配置效应

将调整后的各产业物质资本和人力资本分别记为 K_{it}^{*}、H_{it}^{*},按要素最优配置比例调整后的产出,记为 Y_{it}^{*}。将实际产出与最优配置下的产出的缺口记为 E_{it},即 $E_{it} = Y_{it}^{*} - Y_{it}$,产出损失率计为 e_{it},即 $e_{it} = \dfrac{Y_{it}^{*} - Y_{it}}{Y^{it}} \times 100\%$。经测算,

1978—2015 年三次产业的平均损失率分别为 78.41%、76.18%、67.82%,而且后一阶段的平均损失率均低于前一阶段,分产业来看。

表 5-3 给出第一产业物质资本与人力资本比例调整前后产出的变化。从中可以看出:(1)第一产业在后一阶段的平均产出损失率为 72.72%,较前一阶段下降了 10.3%。这说明若两类资本投入偏离最优配置的程度降低,要素再配置效应十分可观。(2)两阶段第一产业最优配置下的产出均大于实际产出,但是,前一阶段最优配置下的年均产出增长率和实际产出增长率分别为 10.87% 和 4.93%,二者相差 5.94%;后一阶段最优配置下的年均产出增长率和实际产出增长率分别为 7.09% 和 3.95%,二者差距缩小至 3.14%。

表 5-3　第一产业物质资本与人力资本投入结构优化的再配置效应

年份	实际产出 (亿元)	最优配置下的 产出(亿元)	产出缺口 (亿元)	产出损失率 (%)
1978	1018.50	3943.02	2924.52	74.17
1979	1080.63	4504.88	3424.25	76.01
1980	1065.35	4994.84	3929.48	78.67
1981	1139.70	5497.62	4357.92	79.27
1982	1271.09	6143.48	4872.39	79.31
1983	1375.99	6820.33	5444.34	79.83
1984	1554.23	7546.67	5992.44	79.41
1985	1582.75	8127.46	6544.71	80.53
1986	1634.69	8757.78	7123.09	81.33
1987	1712.10	9520.38	7808.28	82.02
1988	1754.88	10045.35	8290.47	82.53
1989	1808.86	10472.74	8663.89	82.73
1990	1942.28	12104.13	10161.85	83.95
1991	1988.11	13427.52	11439.41	85.19
1992	2079.78	15009.83	12930.05	86.14
1993	2176.53	15990.64	13814.10	86.39

年份	实际产出 （亿元）	最优配置下的 产出（亿元）	产出缺口 （亿元）	产出损失率 （%）
1994	2263.11	17593.88	15330.78	87.14
1995	2374.12	20258.67	17884.55	88.28
1996	2494.31	22623.90	20129.59	88.97
1997	2579.86	26053.90	23474.04	90.10
1998	2668.47	31051.63	28383.16	91.41
1999	2741.80	7475.70	4733.90	63.32
2000	2804.95	8203.18	5398.23	65.81
2001	2879.30	8829.23	5949.93	67.39
2002	2956.71	9602.02	6645.31	69.21
2003	3026.98	10592.71	7565.73	71.42
2004	3212.35	11485.31	8272.96	72.03
2005	3375.31	12290.34	8915.03	72.54
2006	3535.21	12974.57	9439.35	72.75
2007	3659.47	13742.61	10083.14	73.37
2008	3848.91	14654.37	10805.46	73.74
2009	4002.71	15167.92	11165.22	73.61
2010	4172.79	15751.37	11578.57	73.51
2011	4346.96	18802.42	14455.47	76.88
2012	4541.49	20268.17	15726.68	77.59
2013	4714.64	21597.47	16882.84	78.17
2014	4906.11	22038.96	17132.85	77.74
2015	5097.59	22363.91	17266.32	77.21

　　比较第二产业物质资本与人力资本比例调整前后产出的变化（表 5 - 4）。从中可以看出：

（1）第二产业在后一阶段的平均产出损失率为 73.18%,较前一阶段下降了约 5%,两种资本的配比有所改善。受 20 世纪 80 年代末通货膨胀率高企的影响,1990 年产出损失率升至 81.84%;2007 年国际金融危机爆发,外部需求紧缩,产出损失率下降至 71.86%。

（2）两个阶段最优配置下的增长率与实际增长率相近,均保持了两位数的增长。前一阶段最优配置下的产出增长率和实际产出增长率分别为 10.29% 和 11.48%,后一阶段则分别为 10.03% 和 10.39%,两者差距进一步收窄。

表 5-4　第二产业物质资本与人力资本投入结构优化的再配置效应

年份	实际产出（亿元）	最优配置下的产出（亿元）	产出缺口（亿元）	产出损失率（%）
1978	1755.20	8765.82	7010.62	79.98
1979	1899.13	9082.36	7183.23	79.09
1980	2155.39	9789.79	7634.41	77.98
1981	2195.76	10013.67	7817.92	78.07
1982	2318.62	10563.91	8245.29	78.05
1983	2559.08	11165.32	8606.24	77.08
1984	2929.43	12465.37	9535.94	76.50
1985	3468.28	14638.57	11170.30	76.31
1986	3822.83	16987.90	13165.08	77.50
1987	4342.36	19423.49	15081.13	77.64
1988	4963.71	23302.66	18338.95	78.70
1989	5149.76	25914.45	20764.69	80.13
1990	5314.75	29272.81	23958.07	81.84
1991	6046.66	30532.74	24486.08	80.20
1992	7317.43	33453.68	26136.25	78.13
1993	8763.71	39660.63	30896.92	77.90
1994	10352.17	47962.53	37610.36	78.42
1995	11784.41	58893.01	47108.60	79.99

年份	实际产出 （亿元）	最优配置下的 产出（亿元）	产出缺口 （亿元）	产出损失率 （%）
1996	13209.64	65099.84	51890.20	79.71
1997	14592.73	68509.73	53917.00	78.70
1998	15893.34	69047.25	53153.92	76.98
1999	17195.69	68601.13	51405.44	74.93
2000	18826.28	77134.12	58307.85	75.59
2001	20423.51	80903.73	60480.22	74.76
2002	22445.50	83973.06	61527.56	73.27
2003	25288.92	90466.88	65177.96	72.05
2004	28106.02	100094.53	71988.51	71.92
2005	31516.37	113022.92	81506.55	72.12
2006	35755.18	128191.66	92436.48	72.11
2007	41136.62	146208.02	105071.40	71.86
2008	45184.11	161987.69	116803.57	72.11
2009	49833.64	182548.51	132714.87	72.70
2010	56154.11	206533.30	150379.19	72.81
2011	62156.90	230258.91	168102.01	73.01
2012	67355.80	257323.91	189968.11	73.82
2013	72735.49	280123.40	207387.91	74.03
2014	78113.42	304638.36	226524.94	74.36
2015	82954.26	323638.04	240683.78	74.37

比较第三产业物质资本与人力资本比例调整前后产出的变化（表 5-5）。从中可以看出：

（1）第三产业后一阶段的产出平均产出损失率为 61.85%，比第一阶段降低了 13.34%，两类资本配置扭曲显著改善。1994 年产出损失率最高时为

78.29%,2008 年产出损失率最低时为 58.77%。

(2)前一阶段最优配置下的产出增长率与实际产出增长率分别为 11.82% 和 11.37%,后一阶段则分别为 10.73%和 10.06%。最优配置下的产出增长率均略高于实际产出增长率。

表 5-5　第三产业物质资本与人力资本投入结构优化的再配置效应

年份	实际产出（亿元）	最优配置下的产出(亿元)	产出缺口（亿元）	产出损失率（%）
1978	905.10	3872.97	2967.87	76.63
1979	975.70	4161.51	3185.82	76.55
1980	1035.43	4511.89	3476.45	77.05
1981	1134.09	4776.11	3642.02	76.25
1982	1278.00	5227.57	3949.56	75.55
1983	1465.36	5790.74	4325.39	74.69
1984	1749.56	6535.68	4786.12	73.23
1985	2066.34	7691.02	5624.68	73.13
1986	2320.68	8782.10	6461.43	73.57
1987	2660.99	9933.44	7272.45	73.21
1988	3011.27	11360.16	8348.89	73.49
1989	3187.76	12426.87	9239.11	74.35
1990	3272.84	13700.07	10427.23	76.11
1991	3573.33	14557.46	10984.12	75.45
1992	4024.07	15944.44	11920.36	74.76
1993	4513.73	18716.38	14202.64	75.88
1994	5026.93	23154.39	18127.46	78.29
1995	5533.78	13919.54	8385.76	60.24
1996	6043.35	15532.23	9488.88	61.09
1997	6674.21	17156.29	10482.08	61.10

续表

年份	实际产出（亿元）	最优配置下的产出（亿元）	产出缺口（亿元）	产出损失率（%）
1998	7234.47	19128.97	11894.51	62.18
1999	7904.24	21388.00	13483.76	63.04
2000	8676.29	23887.50	15211.21	63.68
2001	9566.91	26479.48	16912.58	63.87
2002	10569.76	29393.38	18823.62	64.04
2003	11578.04	32074.89	20496.85	63.90
2004	12750.14	35002.72	22252.57	63.57
2005	14325.93	38298.01	23972.09	62.59
2006	16350.63	42209.81	25859.18	61.26
2007	18978.14	46262.53	27284.39	58.98
2008	20966.64	50855.60	29888.96	58.77
2009	22976.87	55972.49	32995.62	58.95
2010	25197.98	61566.04	36368.06	59.07
2011	27589.26	68134.42	40545.16	59.51
2012	29799.51	76740.42	46940.91	61.17
2013	32273.15	87202.02	54928.87	62.99
2014	34792.95	96609.22	61816.27	63.99
2015	37644.01	106804.64	69160.62	64.75

5.6　结论及启示

将 MRW 模型从地域维度扩展至产业维度,分阶段估计 1978—2015 年间中国三次产业的物质资本与人力资本的产出弹性。在此基础上,测算各产业物质资本与人力资本的最优配置比例,并估算实际产出与要素最优配置产出之间的缺口及产出损失率。主要结论如下:

第一,三次产业内两类资本配比分别以 1999 年、2000 年和 1995 年为拐点,呈现出阶段性特征。其中,农业机械化程度提高,固定资产投入占比增加,第一产业两类资本的最优配比由 4.297 上升至 8.887;农村劳动力转移为工业化和城镇化注入持续动力,第二产业两类资本的最优配比由 0.197 微降至 0.190;生产性服务业发展加大企业对科技研发的需求,也加快资本深化进程,第三产业两类资本的最优配比由 0.966 大幅上升至 13.083。第二,三次产业分阶段的产出损失率均呈现下降趋势,产业内物质资本与人力资本的配置扭曲得到改善。随着户籍制度松动和信息化进程加快,第三产业的改善程度最为明显。第三,若产业内两类资本按最优配比调整,三次产业增加值的损失率有望分别减少 78.41%、76.18% 和 67.82%。与任韬等(2020)的研究相比,本章在统一增长核算框架下估算的再配置效应涵盖三大产业的两类主要资本,比仅考虑单一物质资本或部分行业资本要素结构优化的再配置效应略高,具有一定的可能性。而且,产业间资本流动往往受到资产专用性、规制政策等制约,加大产业内要素结构调整力度,促进要素间相互协同进而获得配置效率的提升更为可行。

面对后疫情时代的经济下行压力和发达国家经济体再工业化的挑战,当前既要加大改革开放力度,又要注重解决收入分配不平衡、环境污染和老龄化等挑战。2020 年 4 月 9 日,中共中央、国务院颁布的《关于构建更加完善的要素市场化配置体制机制的意见》指出要"引导各类要素协同向先进生产力集聚"。本章研究进一步启示:一是瞄准国计民生领域前沿,遵循产业内资本有机构成演进的内在特征,牢牢抓住第四次工业革命的契机,确保"卡脖子"技术领域资本持续高效投入。同时,提升农业机械化、自动化和智能化水平,助力农业规模化经营,提高投入产出效率。二是着力改善教育和卫生支出结构,破除职业教育(培训)、医疗卫生等领域的投资障碍,鼓励各类资本有序进退,提高校企一体化办学水平,优化专业布局,夯实人力资本积累质量,进而加速产业链、供应链转型升级,降低产出损失率。同时,积极完善农村"撤点并校"政策,提升教师队伍整体素质和农村义务教育质量,稳定农业人力资本投入水平。三是借助 5G、云计算和"互联网 +"等前沿技术,将医药卫生体制改革、社会保障体制改革与消费结构、产业结构升级有机结合,推动大健康产业发展。鼓励各地探索具有地方特色的健康管理服务、银色经济,完善医保药品准入谈判机制,遏制医药费用过快增长,减轻人口老龄化对养老金缺口和潜在增长率的冲击。四是在淘汰环保不达标的无效产能、低效产能的进程中,要坚持运用市场化、法治化手段,充分发挥价格机制的杠杆作用,促进技术要素与资本要素融合发展,降低要素配置扭曲,减轻资源错配。

第三篇
经济增长要素分析

第6章

中国资本利用率、企业税负与结构调整

—— 基于内生化资本利用率的视角

基于动态随机一般均衡模型,通过内生化资本利用率,分析技术进步冲击、固定资产加速折旧以及调整企业所得税率等政策对资本利用率、经济增长以及经济结构调整的影响。研究发现:首先,通过技术进步提高中国的资本利用率水平,可在实现稳定增长的同时,降低资本产出比,改善经济结构。其次,短期内,允许企业加速固定资产折旧的政策,虽然可以减轻企业的税负,但却会降低企业的资本利用率。最后,从长期来看,当加速固定资产折旧的政策已促使企业加快设备更新,推进科技研发创新之后,就需适时适当调高企业所得税率,才能够提高经济长期的资本利用率水平,改善供给质量和效率,降低资本产出比。

6.1 引言

2001 年以来,投资对中国 GDP 增长的贡献率开始超过最终消费;2004 年起,按支出法核算的中国 GDP 中资本形成总额的占比超过居民消费的占比,而且不断提高至 2008 年的 43.8%。2008 年年底全球金融危机的爆发,出口急剧萎缩,进一步加剧了中国经济增长对投资的依赖。2009 年,中国实现 9.3% 的经济增长,其中,投资贡献了 87.6%。此后,至 2014 年,投资对经济增长的贡献率都稳定在 50% 左右;固定资本形成总额的占比也进一步提高至 47.8%。中国经济增长对投资的高度依赖已导致诸多问题:一是投资效率降低,一定数量的投资对经济增长的贡献不断下降。自 20 世纪 90 年代以来,中国增量资本产出率(ICOR)就一直高于国际平均水平(刘元春和陈彦斌,2013),而且产能过剩

局面频繁出现。二是经济结构失衡。根据 PWT 7.1,2010 年中国人均实际 GDP 为 7746 美元,在 189 个国家中列第 91 位;居民消费率为 44.2%,仅列第 171 位。过低的居民消费率显然不利于提升居民福利。三是长期基于信贷扩张的投资扩张,加剧了中国金融体系的不良债权风险。商业银行不良贷款率 2015 年年末已升至 1.67%。因此,新一届政府放弃了此前的大规模投资刺激政策,转向控制信贷总量、调整投资结构的"微刺激"和"定向宽松"政策;同时,开启固定资产加速折旧政策,试图通过微观主体而非宏观刺激推动投资,以期在短期稳定增长,长期促进工业经济竞争力的提升。

资本积累对经济增长的作用,不仅取决于资本存量的规模及结构,而且取决于资本利用率。现有文献中,有关中国资本存量规模及其结构对经济增长的影响已有较多研究。但是,关于中国资本利用率与经济增长关系的研究却相对缺乏。按照陶布曼和威尔金森(Taubman & Wilkinson,1970)和卡尔沃(Calvo,1975)的定义,资本利用率(capital utilization rate)是指现有资本投入生产的密度,如每天或每周的工作时间等。一方面,资本利用率决定实际可投入生产的资本数量,从而决定了经济增长率;另一方面,资本利用率越高,折旧越快,而资本折旧率决定了资本投资的边际成本,从而影响经济的投资水平。因此,分析资本积累对经济增长的作用不应忽视资本利用率变化的因素。更重要的,由于资本利用率的高低是企业利润最大化决定的结果,因而,技术进步以及财政税收政策等可通过影响企业最优决策而影响资本利用率,进而影响经济增长以及经济结构。

在动态随机一般均衡(DSGE)模型的框架下,内生化企业的资本利用率,以揭示中国经济增长过程中资本利用率变化的影响。通过分析资本利用率的决定因素,探讨技术进步冲击、固定资产加速折旧政策、企业所得税率调整等对资本利用率和资本积累的影响,研究中国经济增长过程中资本积累、经济增长与经济结构变化的动态机制。研究表明,首先,提高资本利用率不仅有利于控制投资规模,而且有利于改善经济结构。给定资本存量,技术进步率的提高可以促进企业提高资本利用率,降低资本产出比率。其次,短期内,允许企业加速折旧的政策可以减轻企业税负,但会降低资本利用率;长期来看,当企业加速折旧的政策促使企业加快设备更新,推进科技研发创新之后,需要适时适当地上调企业所得税率,才能够提高经济长期的资本利用率水平,降低资本产出比。最后,资本损耗较快的行业,其本身资本利用率较低,不宜再允许企业加速折旧;

反之,资本损耗较慢的行业,本身资本利用率较高,可在短期内适当促进企业加速折旧。

以上研究结论意味着,在投资依然扮演着稳增长"压舱石"的情况下,提高资本利用率是提升供给体系质量和效率,进而调整经济结构的可行路径;与此同时,从提高资本利用率的角度看,不宜于短期内的企业加速折旧政策长期化。

本章余下部分安排如下:6.2节为文献综述;6.3节为理论模型,首先构建一个内生化资本利用率的动态随机一般均衡模型,揭示资本利用率的决定因素及其对经济增长及经济结构的影响机制;在此基础上,引入政府,探讨企业所得税率和加速固定资产折旧的政策对资本利用率、资本积累以及结构调整的影响;6.4节为模拟分析,基于中国上市公司数据库校准模型,模拟技术进步冲击和加速固定资产折旧的政策对提高资本利用率的影响;6.5节是结论和政策含义。

6.2 文献综述

自20世纪90年代中期以来,生产要素价格扭曲造成中国经济形成"投资驱动型"的增长方式,导致经济结构失衡,增长效率降低(张杰等,2011)。在资本存量规模方面,与张延(2010)相反,大部分学者认为中国的资本积累规模导致经济增长进入动态无效的区间(项本武,2008;范子英和张军,2009),投资率对产出增长率的正效应并不显著,甚至为负。在资本结构方面,中国社科院经济研究所经济增长前沿课题组(2004)、王亚芬(2012)重点分析了公共资本投资与私人资本投资对经济增长的不同作用。

实践中,资本积累对经济增长的作用,既取决于资本存量的规模及结构,还取决于资本利用率的高低。关于资本利用率内生决定的研究最早可以追溯至卢卡斯(Lucas,1990)和史密斯(Smith,1970)等。所谓内生化资本利用率,是指企业根据宏观经济运行情况、行业景气程度及自身运营状况等因素,基于利润最大化选择的资本利用率水平。Greenwood 等(1988)以及 Burnside 等(1993)研究了内生化资本利用率对经济周期产生的影响。之后,陆续有学者在新古典增长模型的框架下引入企业内生决定的资本利用率,证明了企业最优决策会选择不完全利用资本,即最优的资本利用率是低于100%的(Licandro et al.,2001;Rumbos & Auernheimer,2001)。Dalgaard(2003)在新古典增长模型的框架下发现,内生化的资本利用率会降低经济向稳态收敛的速度。Chatterjee(2005)综合新古典生产函数和 AK 类生产函数,进一步论证只要折旧率对资本利用率变化较敏感,最优的资本利用率会低于 100%,而且经济向稳态的收敛速度会因此降低。与假定资本利用率为 100% 的研究相比,基于内生化资本利用率的增长模型的数值模拟结果被认为是更能贴近现实经济情形。

此外,在实证研究方面[①],Shapiro(1986)和 Orr(1989)的研究发现,美国制造业在 1952—1984 年期间,资本的平均工作时间为每周 50 多个小时,其对应的资本利用率仅为 30%。Beaulieu 和 Mattey(1998)估计了 1974—1992 年期间资本的工作时间,发现资本的平均工作时间上升至平均每周 97 小时,资本利用率提高至 58% 左右;同时发现不同行业之间的资本利用率差距较大,最低为 26.5%,最高为 93.5%。还有一些研究进行了国际间资本利用率的比较。Anxo 等(1995)发现,1989 年德国的资本利用率仅为 31.5%,比利时为 45.8%,欧洲平均为 39%。

长期以来,持续快速的资本积累是中国经济增长的主要驱动力。有关文献集中分析了导致中国低资本利用率和低投资效率的原因(林毅夫等,2010;中国经济增长前沿课题组,2012;江飞涛等,2012;于立和张杰,2014),仍存在以下不足:一是基本上都是在假定资本被完全利用的条件下进行的,对资本利用率以及折旧率进行内生化的研究尚不多;二是对资本利用率与资本积累之间的关系,进而对经济增长及结构调整的机理缺乏深入研究。陈昆亭和龚六堂(2004)虽然在一个 RBC 模型中内生化了资本利用率,而是在一个不考虑财政政策的框架下进行的;三是虽然普遍的观点认为中国资本的利用率较低,但缺乏有关资本实际工作时间或者资本利用率的数据佐证。一些研究利用增量资本产出率,即 ICOR = 当期固定资本形成总额/GDP,来测算中国资本的利用率。其依据在于,如果给定资本存量,那么,资本利用率越高,等量的资本存量就可生产更多的产出,ICOR 就越低,投资效率就越高。然而,ICOR 的变化既取决于资本存

---

① 国外学者对资本利用率的估计有两种做法:一种是狭义口径,聚焦于资本平均每周工时(average workweek of capital,AWC)的估算,依据劳工部门统计的就业规模、工作时间、轮休制度等,以 168 小时/周(即 7 天 × 24 小时)为最大工时极限,综合测算得到资本平均每周工时后,将其与最大工时极限相除,得到资本利用率,譬如 Chatterjee (2005)等;另一种是广义口径,聚焦于工业产能利用率(industrial capacity utilization rate),其核心是测算实际产出对潜在产出的比率,譬如 Marc – Andre(2004)等。

量的规模,又取决于资本利用率的水平。中国 ICOR 不断提高,在很大程度上是大规模投资增加的结果,难以反映资本利用率的情况。

区别于以往研究,本章可能的贡献在于:

(1)首次将资本利用率因素引入分析资本积累对中国经济增长的作用中。资本利用率的变化通过影响资本的折旧率,从而影响企业的投资、资本积累,最终影响经济增长和经济结构。由于资本利用率的变化决定折旧率的快慢,进而改变了资本使用的边际成本,影响投资决定以及经济增长。也就是说,资本利用率一方面决定经济现期生产所投入使用的资本数量,另一方面通过影响折旧率来影响未来的投资。因此,分析资本积累对经济增长的作用不应忽略资本利用率。

(2)在一个 DSGE 的框架中将资本利用率内生化。通常,折旧率是资本利用率的增函数:资本利用率越高,资本折旧越快,将来经济的增长需要更多投资。两者这一关系直接决定资本积累的边际收益与边际成本,进而影响经济向稳态运行的动态过程。由于资本利用率是企业利润最大化决定的结果,因而,宏观政策(如财政政策等)可通过对企业最优行为的影响来影响资本利用率,进而对经济增长和经济结构产生影响。据此,本章在模型扩展中引入税收政策,进一步探讨企业所得税与加速折旧比率的变化对资本利用率、资本积累及经济增长的影响。

(3)基于国泰安(CSMAR)上市公司财务指标分析数据库(2006—2012 年)披露的"固定资产周转率",构建资本利用率的函数,通过校准模型,模拟分析技术进步冲击和加速固定资产折旧的政策对资本利用率的影响。基于这些研究,可揭示资本利用率的决定因素,分析中国经济增长过程中资本利用率与资本积累规模之间的作用,探讨财政税收政策对资本利用率进而对经济结构调整的影响机制和实际效果。

6.3 理论模型

构建一个离散时间且无限期存活的 DSGE 模型。代表性家庭一生效用的期望为 $E_0 \sum_{t=0}^{\infty} \beta^t \log(c_t)$。其中,$\beta$ 是效用贴现因子,c_t 是当期人均消费。为了简化,假设这个模型经济中没有人口增长,人口总量单位化为 1。代表性企业

的生产函数设为 $y_t = \mathrm{e}^{z_t}(u_t k_t)^{\alpha}$。其中,$k_t$ 是当期企业可使用的资本存量,u_t 为企业选择的资本利用率水平,$0 \leqslant u_t \leqslant 1$,$u_t k_t$ 为企业实际投入生产的资本存量水平。这里,资本利用率与资本的边际产出正相关:资本边际产出越高时,企业则会提高资本利用率。z_t 是一个随机变量,代表技术进步的水平,并遵循一阶自回归过程,$z_{t+1} = \rho z_t + \varepsilon_{t+1}$。其中,$\{\varepsilon_{t+1}\}_{t=0}^{\infty}$ 是独立同分布,且服从 $N(0, \sigma^2)$,$|\rho| < 1$。

假定折旧率为资本利用率的增函数,其函数形式为 $\delta(u_t) = \delta_0 + \delta_1 \dfrac{u_t^{\phi}}{\phi}$。其中,$\delta_0$ 为资本的自然折旧率,即资本闲置必定产生折旧,有 $\delta(0) = \delta_0 > 0$,$\delta_1 > 0$ 为常数,$\phi > 1$ 为折旧率关于资本利用率的弹性。这里,资本折旧率随资本利用率的提高而提高,有 $\delta'(u) > 0$,$\delta''(u) > 0$。此外,如果 $\phi \to \infty$,那么,$\delta(u) \to 0$。此外,在经济达到稳态时,如果资本利用率保持稳定,那么,折旧率为 ϕ 的一个减函数。在这个内生化资本利用率的模型经济中,资本存量的变化将影响资本的边际产出,继而影响资本利用率和折旧率;另一方面,折旧率的变化影响投资,从而影响资本存量。在经济起步阶段,资本存量较低时,资本的边际产出较高,资本利用率和折旧率就相对较高。随着经济接近其稳态,资本边际产出的下降则会降低资本的利用率,资本利用率和折旧率都逐渐下降并趋于其稳态。在其他条件不变时,技术进步以及其他可提高资本边际产出的因素,都会提高资本利用率。

6.3.1 一个内生化资本利用率的 DSGE 模型

在不存在政府的情况下,当期经济的总产出用于消费和投资,记投资量为 x_t,则有 $c_t + x_t = \mathrm{e}^{z_t}(u_t k_t)^{\alpha}$。那么,资本积累的运动方程为 $k_{t+1} = [1 - \delta(u_t)]k_t + x_t$,$k_0 > 0$。这里构建一个社会计划者问题以研究资本利用率的决定因素和技术进步冲击对资本利用率的影响。

一个社会计划者问题为存在一组资源配置 $\{c_t, u_t, k_{t+1}\}_{t=0}^{\infty}$,且满足:

$$v(k_t) = \max_{(c_t, u_t, k_{t+1})} \left\{ \log(c_t) + \beta E_t [v(k_{t+1})] \right\} \tag{6-1}$$

$$\mathrm{s.\,t.} \quad c_t + k_{t+1} = \mathrm{e}^{z_t}(u_t k_t)^{\alpha} + \left[1 - \delta_0 - \delta_1 \frac{u_t^{\phi}}{\phi} \right] k_t \tag{6-2}$$

求解上述社会计划者问题,可得当期资本利用率 u_t 和资本存量 k_t 之间应

满足:

$$u_t = \mathrm{e}^{\frac{z_t}{\phi-\alpha}} \left(\frac{\alpha}{\delta_1}\right)^{\frac{1}{\phi-\alpha}} k^{\frac{\alpha-1}{\phi-\alpha}} \tag{6-3}$$

上式表明,资本利用率水平除受资本存量所决定的边际产出的影响外,还受技术进步冲击的影响。一个正向的技术进步冲击提高了资本的边际产出后,进一步提高资本利用率。同时,资本产出比为:

$$\frac{k_t}{y_t} = \frac{\alpha}{\delta_1} u_t^{-\phi} \tag{6-4}$$

上式表明,资本产出比与资本利用率呈反向关系,即 $\dfrac{\mathrm{d}(k_t/y_t)}{\mathrm{d}u_t} < 0$。这意味着资本利用率的提高可降低经济的资本产出比。进一步,消费产出比为:

$$\frac{c_t}{y_t} = 1 - \frac{\{k_{t+1} - [1-\delta(u_t)]k_t\}}{y_t} \tag{6-5}$$

当经济达到稳态时,求得稳态时的资本利用率 u^* 为:

$$u^* = \left(\frac{1}{\delta_1}\right)^{\frac{1}{\phi}} \left[\frac{\phi}{\phi-1}\right] \left[\frac{1}{\beta} + \delta_0 - 1\right]^{\frac{1}{\phi}} \tag{6-6}$$

基于资本利用率与边际产出之间的正向关系,资本利用率将从一个较高的水平逐步下降并收敛于上式决定的稳态水平。折旧率也逐渐下降至其稳态水平 $\delta(u^*)$。稳态时的资本存量 k^* 为:

$$k^* = \left(\frac{\delta_1}{\alpha}\right)^{\frac{1}{\alpha-1}} (u^*)^{\frac{\phi-\alpha}{\alpha-1}} \tag{6-7}$$

最后,稳态的产出 y^* 为:

$$y^* = \left(\frac{\delta_1}{\alpha}\right)(u^*)^{\phi} k^* = \left(\frac{\delta_1}{\alpha}\right)^{\frac{\alpha}{\alpha-1}} (u^*)^{\frac{\alpha(\phi-1)}{\alpha-1}} \tag{6-8}$$

推论:在一个内生化资本利用率的模型中,稳态时,有 $\dfrac{c^*}{y^*} = 1 - \dfrac{\alpha\delta_0}{\delta_1}(u^*)^{-\phi}$,因而 $\dfrac{\mathrm{d}(c^*/y^*)}{\mathrm{d}u^*} > 0$。

上述模型推导结果及推论表明:(1)当经济从初始状态向其稳态运行的过程中,随着资本利用率的逐步下降,资本产出比率逐步提高。(2)当经济到达稳态时,提高资本利用率,会降低稳态时的资本存量,消费占产出的比例便可随之提高。(3)正向的技术进步冲击可提高资本利用率。这一结果对当前中国经济增长尤其是供给侧结构性改革具有重要的现实意义。在给定资本存量的情况下,提高资本利用率不仅有利于控制投资规模,抑制融资杠杆,而且还有利于改善经济结构,提升消费对国民经济增长的贡献。

6.3.2　模型扩展:引入企业所得税及固定资产加速折旧政策

为避免当前 GDP 增速因工业生产减速而快速下滑,2014 年 9 月,国务院常务会议部署了完善固定资产加速折旧的政策。[①] 通过加速折旧,减轻企业税负,促进企业更换机器设备,扩大制造业投资,避免工业经济过快下滑。这项政策试图通过激励微观主体而非宏观刺激来稳定投资,并在长期推进企业技术进步,促进制造业产业升级,提升竞争力。然而,在短期内,加速折旧政策对企业的资本利用率有何影响? 这里,在上述理论模型中引入政府,分析企业所得税和加速折旧政策对资本利用率的影响。

简化起见,假定没有技术进步冲击,技术进步的增长率为零。记代表性家庭单位劳动时间中用于劳动供给的比例为 $\{l_t\}_{t=0}^{\infty}$,其实际工资水平为 $\{w_t\}_{t=0}^{\infty}$。家庭的效用函数设为 $\log c_t + \varphi \log(1 - l_t)$, $\varphi > 0$ 为常数。家庭的初始资产 $a_0 > 0$。政府允许企业加速其固定资本折旧,该速度的快慢记为 $\{\tau_t > 0\}_{t=0}^{\infty}$;同时设所得税税率为 $\{\tau_t^l\}_{t=0}^{\infty}$。政府的支出记为 $\{g_t\}_{t=0}^{\infty}$,不影响家庭的效用,也不进入生产函数。政府可发行一年期到期的债券融资,t 期发行的 $(t+1)$ 期到期的债券数量记为 $\{b_{t=1}\}_{t=0}^{\infty}$,实际利率为 $\{r_t\}_{t=0}^{\infty}$。

一个序贯市场竞争性均衡为,存在一组资源配置 $\{c_t, l_t, u_t; b_{t+1}, k_{t+1}\}_{t=0}^{\infty}$ 以及价格 $\{r_t, w_t\}_{t=0}^{\infty}$,且满足:

1. 代表性家庭

给定初始资产 a_0 和价格 $\{r_t, w_t\}_{t=0}^{\infty}$ 的条件下,效用最大化确定消费需求 $\{c_t\}_{t=0}^{\infty}$、劳动供给 $\{l_t\}_{t=0}^{\infty}$ 以及资产组合 $\{a_{t+1}, b_{t+1}\}_{t=0}^{\infty}$。代表性家庭的问题为:

$$\max_{\{c_t, l_t; a_{t+1}, b_{t+1}\}} \sum_{t=0}^{\infty} \beta^t [\log(c_t) + \varphi \log(1 - l_t)] \tag{6-9}$$

$$\text{s.t.} \quad c_t + a_{t+1} + b_{t+1} = w_t l_t + (1 + r_t)(a_t + b_t) \tag{6-10}$$

以及关于两种资产余额的横截性条件:$\lim_{t \to \infty}(\lambda_t a_{t+1}) = 0$, $\lim_{t \to \infty}(\lambda_t b_{t+1}) = 0$,其中 λ

① 《关于完善固定资产加速折旧企业所得税政策的通知》,国家税务总局公告 2014 年第 64 号。

是家庭财富的影子价格。

2. 代表性企业

企业的生产函数设为 $y_t = (u_t k_t)^\alpha l_t^{1-\alpha}$。给定要素价格 $\{r_t, w_t\}_{t=0}^\infty$、企业所得税以及固定资产加速折旧比率 $\{\tau_t^f, \tau_t\}_{t=0}^\infty$ 条件下,利润最大化确定资本需求 $\{k_t\}_{t=0}^\infty$、劳动需求 $\{l_t\}_{t=0}^\infty$ 以及资本利用率 $\{u_t\}_{t=0}^\infty$。代表性企业的问题为:

$$\max_{\{k_t, l_t, u_t\}} \Pi = (1 - \tau_t^f) \left[(u_t k_t)^\alpha l_t^{1-\alpha} - (1 + \tau_t) \delta(u_t) k_t - w_t l_t \right] - r_t k_t \qquad (6-11)$$

3. 政府平衡预算

$$g_t + (1 + r_t) b_t = \tau_t^f \left[(u_t k_t)^\alpha l_t^{1-\alpha} - (1 + \tau_t) \delta(u_t) k_t - w_t l_t \right] + b_{t+1} \qquad (6-12)$$

4. 市场均衡

$$c_t + k_{t+1} + g_t = (u_t k_t)^\alpha l_t^{1-\alpha} + \left(1 - \delta_0 - \delta_1 \frac{u_t^\phi}{\phi} \right) k_t \qquad (6-13)$$

$$a_t = k_t \qquad (6-14)$$

求解上述序贯市场竞争性均衡的问题,代表性家庭选择的两期消费水平 (c_t, c_{t+1}) 应满足如下 Euler 方程:

$$\frac{c_{t+1}}{c_t} = \beta \left[1 + (1 - \tau_{t+1}^r) \left(\alpha \frac{y_{t+1}}{k_{t+1}} - (1 + \tau_{t+1}) \left(\delta_0 + \delta_1 \frac{u_{t+1}^\phi}{\phi} \right) \right) \right] \qquad (6-15)$$

以及家庭选择的同期消费与劳动供给水平应满足:

$$\varphi \frac{c_t}{1 - l_t} = (1 - \alpha) \frac{y_t}{l_t} \qquad (6-16)$$

由企业利润最大化得到资本利用率为:

$$u_t = \left[\frac{\alpha}{(1 + \tau_t) \delta_1} \right]^{\frac{1}{\phi - \alpha}} \left(\frac{k_t}{l_t} \right)^{\frac{\alpha - 1}{\phi - \alpha}} \qquad (6-17)$$

上式表明,在其他条件不变时,政府允许企业加速折旧,短期将降低企业所选择的资本利用率水平,即 $\frac{\partial u_t}{\partial \tau_t}$。

在最优路径中,资本产出率为:

$$\frac{k_t}{y_t} = \frac{\alpha}{(1 + \tau_t) \delta_1} u_t^{-\phi} \qquad (6-18)$$

由式 $(6-18)$ 易得 $\frac{\partial (k_t / y_t)}{\partial \tau_t} > 0$。这意味着,在经济趋向稳态的过程中,政府允许企业加快固定资产折旧,激励企业扩大投资,从而提高经济的资本产出比。

从长期来看,在稳态时,由式(6-15)可知,经济的资本利用率为:

$$u^* = \left(\frac{1}{\delta_1}\right)^{\frac{1}{\phi}} \left[\frac{\phi}{\phi-1}\right]^{\frac{1}{\phi}} \left[\frac{1-\beta}{\beta(1-\tau^f)(1+\tau)} + \delta_0\right]^{\frac{1}{\phi}} \qquad (6-19)$$

这里,$\frac{\partial u^*}{\partial \tau^f} > 0$ 以及 $\frac{\partial u^*}{\partial \tau} < 0$。近似地,有

$$u^* \approx \left(\frac{1}{\delta_1}\right)^{\frac{1}{\phi}} \left[\frac{\phi}{\phi-1}\right]^{\frac{1}{\phi}} \left[\frac{1-\beta}{\beta[1-(\tau^f-\tau)]} + \delta_0\right]^{\frac{1}{\phi}} \qquad (6-20)$$

上式表明 $\frac{\partial u^*}{\partial(\tau^f-\tau)} > 0$,对于 $\tau^f > \tau$。也就是,从长期来看,经济稳态时资本利用率水平取决于企业所得税率与政府允许企业加快折旧的速度之差。两者差距越大,稳态时经济的资本利用率就越高。因而,从长期提高资本利用率的角度来看,加快企业资本折旧的政策,还应辅之以企业所得税率的调整。只有在此条件下,允许企业加快折旧,才有助于提高经济长期的资本利用率,进而降低稳态时的资本产出率,提高消费占产出的比例。

综上所述,当前为减轻企业税负而实施的加速折旧政策,短期内可激励企业扩大投资,但同时也会降低企业的资本利用率,进一步提高经济的资本产出比。因此,这项政策即便是通过激励微观主体而非宏观刺激来稳定投资,也不利于经济结构的调整。长期内,加快企业资本折旧的政策还应配合企业所得税率政策的调整,才有可能提高经济长期的资本利用率,进而降低稳态时的资本产出率,提高消费占产出的比例。

6.4 模拟分析

6.4.1 参数赋值

对于效用函数中的贴现率 β,国内外文献大多取值在 0.96~0.99 之间,此处设定为 $\beta = 0.99$。根据 Chow(1993)、Chow 和 Li(2002)、Hsieh 和 Klenow(2009)、罗德明等(2012),资本的产出份额 α 设定为0.55。借鉴 Rumbos 和 Auernheimer(2001)的做法,并结合中国企业经营实践和相关法规,不失一般性,

将自然折旧率 δ_0 设定为 1%。[1] 衡量持续技术进步水平的参数 ρ 取 0.90。

对于折旧率函数中的两个参数，即 δ_1 和 ϕ 的取值，目前并没有数据可参照。我们用一种间接的方法来获得。首先，基于万得（Wind）资讯上市公司数据库（2006—2012），通过计算"（当年累计折旧额－上年累计折旧额）/当年固定资产原值"，来近似地获得企业当年的折旧率 $\delta(u_t)$，取平均值代表当年的折旧水平。

其次，考虑到没有直接符合资本利用率内涵的指标，我们先从国泰安（CSMAR）上市公司财务指标分析数据库（2006—2012）中得到"固定资产周转率"，记为 turnover_fa[2]。借鉴 Marc – Andre（2004）对加拿大的一项实证研究的方法[3]，假定中国资本利用率（u_{it}）大致在 0.5~1 之间波动。故可对 i 企业 t 年的固定资产周转率 turnover_fa$_{it}$ 进行 logistic 转化[4]，即 $u_{it} = \dfrac{1}{1 + e^{-\text{turnover\_fa}_{it}}}$，从而将数值较高、波动区间较大的固定资产周转率合理转化为生产要素投入中具有经济学意义的资本利用率。这里，资本使用效率 u_{it} 越接近于 1，说明相对于其他企业而言，投入企业 i 中的固定资产潜力得到越充分的发挥，固定资产利用率越高，经营管理水平越好。取各企业平均后得到当年的资本利用率。按这一方法计算的资本利用率与经济周期呈现出同步波动的特性（图 6 - 1）。2008 年国际金融危机以来，中国经济增长率较快的 2010 年，恰好也是资本利用率（63.8%）

---

① Rumbos 和 Auernheimer（2001）对自然折旧率的选择为 0.01；《中华人民共和国企业所得税法》对我国固定资产折旧年限规定差异迥然。譬如：房屋、建筑物为 20 年；火车、轮船、机器、机械及其他生产设备为 10 年；电子设备和火车、轮船以外的运输工具以及与生产、经营有关的器具、工具、家具等为 5 年。考虑到我国正处于工业化、信息化、城镇化叠加的发展时期，因此，自然折旧率与国际水平接轨也是合理的。

② 固定资产周转率 = 销售收入（或主营业务收入）/固定资产平均净值，其中分母项固定资产平均净值 =（固定资产期初净值 + 固定资产期末净值）/2。该指标反映了企业固定资产周转情况，是衡量固定资产利用效率的重要依据。观察发现，企业固定资产周转率因产业资本密集度和景气程度不同而呈现出较大差异。如批发和零售业因其轻资本运营的行业属性，单位固定资产创造的营业收入一直遥遥领先；房地产业、建筑业则得益于房价持续多年上涨的推动，销售收入与投入的固定资产相比也稳居前列；相比之下，采掘业、制造业、电力、煤气及水的生产和供应业等重资本行业的固定资产周转率较低。

③ Marc – Andre（2004）发现，1981 年第 1 季度至 2001 年第 4 季度，加拿大的固定资产利用率平均值为 0.816，从而将稳态资本利用率设定为 81.6%。

④ 李稻葵等（2009）曾对劳动份额进行 logistic 转换，以提高模型的整体拟合性。

较高的一年。这与韩国高等(2011)对我国产能利用率变化趋势的观察是一致的。

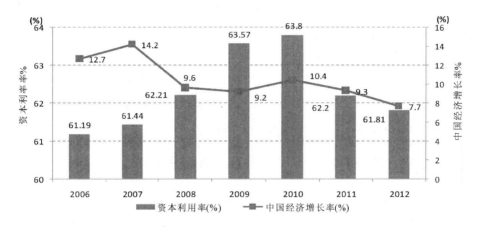

图 6-1 样本上市公司资本利用率(2006—2012)

[资料来源:根据国泰安(CSMAR)数据库固定资产周转率指标测算。]

最后,利用折旧率函数的定义 $\delta(u_t) = \delta_0 + \delta_1 \dfrac{u_t^{\phi}}{\phi}$,通过移项、取对数回归的方式获得函数中的两个参数$(\delta_1, \phi)$。表 6-1 给出模型校准后的参数值。

表 6-1 模型参数校准值

参数	β	α	δ_0	δ_1	ρ	ϕ
校准	0.99	0.55	0.01	0.16	0.90	1.3

上述我们对两个关键参数值的选取和测算有 4 点新意:

(1)样本公司的国民经济代表性较强。本章选取的样本上市公司包括主板、中小板、创业板上市的国有、民营、外资、集体等各种类型企业 2467 家。2012 年全部样本公司合计实现营业收入 24.53 万亿元,净利润 1.95 万亿元,净利润约占全国规模以上工业企业的 1/3,具有一定的行业代表性和区域代表性[①];

(2)样本公司的数据可靠性较高。与非上市公司数据相比,新会计准则实施以来,财务指标统计口径稳定,上市公司经审计后公开披露的数据可靠性能

————————————

① 根据《中国证券业发展报告(2013)》相关数据。

得到较好的保证；

（3）样本期间始末的可比性较好。2005年9月6日以前，上市公司股权分置改革尚未启动，"同股不同权""同股不同利"等问题突出。股权分置改革后，上市公司股权结构、公司治理等都发生了显著变化，为增强样本可比性，故选择2006年以后年份；

（4）以往研究多受工业企业数据库所限，样本期限截止至2007年，本章首次尝试集合两大代表性金融数据库的优点，将样本期限延伸至2012年，更有利于体现企业应对国际金融危机以来的新情况。

6.4.2　技术进步冲击对资本利用率的影响分析

基于上述表6-1中的相关参数值，利用模型模拟技术进步冲击对资本利用率及其他宏观变量的影响。如图6-2所示，一个单位的正的技术进步冲击，可在随后的2个时期提升经济的资本利用率，最高达3%之多[图6-2(a)]；资本存量受资本利用率提高伴随的折旧相应加快的影响，积累速度放缓，产出也受此影响，小幅下降约1%[图6-2(b)]，资本产出比下降近1.3%[图6-2(c)]；而消费产出比则可上升1%[图6-2(d)]。

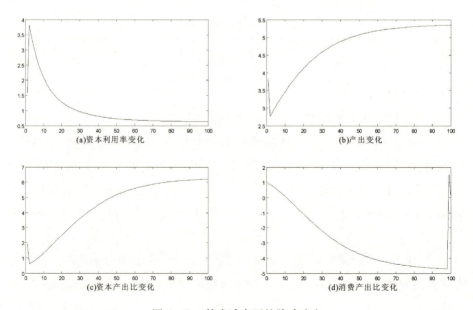

图6-2　技术冲击下的脉冲响应

据此,得出本章基础模型的传导机制:给定一次正向的技术进步冲击,理性的社会计划者首先通过调节生产投入资本的使用效率对冲击作出反应,随后,资本利用率通过折旧率传导至投资决策,进而影响资本存量的积累过程,最终决定产出水平及其在未来投资与消费之间的分配比例。由于资本利用率提高使得获得既定产出水平所需的投资规模减少,所以资本产出比率下降,消费占产出的比率将随着资本积累速度的放缓而增加,全社会福利状况得以改善。

6.4.3 调整企业所得税率以及加速固定资产折旧对资本利用率的影响分析

进一步,利用模型模拟企业所得税率变化和差异化的加速折旧政策对资本利用率的影响。基于式(6 - 20),设定企业所得税率的变化范围为 $\tau^f \in (0.15, 0.25)$,允许折旧加速的比率变化范围为 $\tau \in (0.10, 0.20)$,模拟不同的组合对提高稳态时资本利用率的影响。

假定其他参数如表6 - 1所示,允许加速折旧的比率越大,企业所选择的资本利用率越低。如图6 - 3所示,随着允许折旧加速的比率从10%逐渐增加至20%,在所得税率分别为25%、20%和15%的情形,资本利用率会下降至56.5%、54%和52%,分别下降5.5%、5%和4.5%(图6 - 3)。另一方面,从长期提高资本利用率的角度看,实行加速折旧的政策,还需辅之以提高企业的所得税率:如允许加速折旧15%,那么,将所得税率从15%调高到20%,可使资本利用率从54.5%提高至56.5%;所得税率从20%调高到25%,可使资本利用率从56.5%再提高至59%。

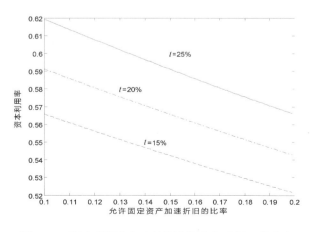

图6 - 3　资本利用率与允许固定资产加速折旧的比率

模拟结果表明,短期内允许加速折旧,或能减轻企业的税负,却不利于提高企业的资产利用效率。在长期内,当加速折旧的政策已促使企业加快设备更新,推进科技研发创新之后,就需适时适当调高企业所得税率,才能够提高经济长期的资本利用率水平,降低资本产出比。

6.4.4 折旧率关于资本利用率弹性的变化对资本利用率的影响分析

行业间折旧率、固定资产周转率等存在较大差异,导致不同行业资本折旧的速度各不相同。这体现在上述模型中的参数的不同取值。它是折旧率关于资本利用率变化的弹性,有的行业弹性较高,即资本利用率的提高会快速提高折旧率;而弹性较低的行业,随着资本利用率的提高,折旧率提高得较慢。这里,将模拟对应于不同的弹性值,经济的资本利用率水平会有什么改变。假定企业所得税率为 25%,允许固定资产折旧加速的比率为 5%,其他参数如表 6-1 所示。让折旧率关于资本利用率的弹性变化范围为 $\phi \in (1, 1.3)$,基于式 (6-20) 观察资本利用率的变化。如图 6-4 所示,随着折旧率关于资本利用率弹性不断提高,资本利用率水平不断降低。这一模拟结果表明,如果经济的折旧率关于资本利用率弹性越大,稳态时资本利用率水平会越低。

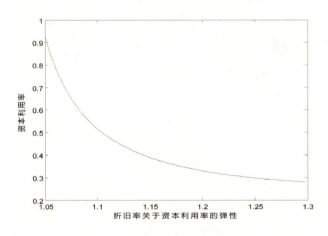

图 6-4 资本利用率与折旧弹性

6.5 结论及政策建议

长期以来资本快速积累都是促进中国经济增长的主要动力。然而,持续多年的"投资驱动型"增长逐渐导致中国经济结构的严重扭曲。当前,在经济增长面临长短期强大下行压力之时,是否进一步通过扩大投资规模以稳定增长成为宏观调控必然面临的课题。2014 年 9 月,国务院常务会议部署了完善固定资产加速折旧政策,试图通过减轻税负,加快企业设备更新,来稳定制造业投资和经济增长;长期促进企业技术改造和科技研发创新。然而,从结构调整的角度看,允许固定资产加速折旧的政策在保增长的同时,会对结构调整产生什么影响?能否在不加剧结构扭曲的前提下,既实现稳定增长又改善结构? 由于资本积累对经济增长的作用,不仅取决于资本存量的规模及结构,而且取决于资本利用率的高低,因而基于一个动态随机一般均衡模型,通过内生化资本利用率,分析了技术进步冲击、加速折旧以及调整企业所得税率等政策对资本利用率、经济增长以及结构调整的影响。研究发现:

首先,提高资本利用率可以降低经济的资本产出比。一个单位的正的技术进步冲击,可在随后的 2 个时期提升 3% 多的资本利用率水平。这意味着,通过技术进步提高中国的资本利用率水平,可在实现稳定增长的同时,降低资本产出比,改善经济结构。

其次,短期内,允许企业加速折旧的政策,虽然可以在一定程度上减轻企业税负,但却会降低企业的资本利用率。在一定的所得税率下(如 20%),如果允许加速折旧的比例从 10% 逐渐增加至 20%,资本利用率会下降 5%。目前,高新技术企业执行 15% 的所得税优惠税率,从长期来看,当加速固定资产折旧的政策已促使这些企业加快设备更新,推进科技研发创新后,就需要适时适当上调企业所得税率,才能够提高经济长期的资本利用率水平,降低资本产出比。

最后,对于资本损耗较快的行业而言,其本身资本利用率较低,不宜再允许加速折旧;反之,对于资本损耗较慢的行业,本身资本利用率较高,可在短期适当促进加速折旧。但长期还需适当上调这些行业的所得税率,才能保证这些行业在设备更新和研发创新的同时,提高其资本利用率水平。

本章研究表明,在当前制造业化解过剩产能,投资增速下降的情况下,与其依靠逐渐减弱的投资与经济增长之间的关系,加大投资力度,托底经济,不如转换思维,在存量投资上做文章,通过提高资本利用率深挖资产潜力。具体而言:

第一,鼓励企业通过改造旧设备,采用新设备、新材料、新工艺等方式,推进技术进步和应用创新,提高存量资本利用率,从而减少为经济增长"托底"所需积累的物质资本,相应降低投资规模,并提高消费产出比,缓解稳增长对投资的过度依赖。

第二,实施加速折旧的政策,虽然在一定程度上稳定企业投资,但是不利于提高资本利用率。基于此,实施这项政策必须考虑以下因素:一是不宜适用于短期的加速折旧政策长期化;二是应区别企业类型,实施差异化的加速折旧政策;三是当加速折旧的政策已促使企业加快设备更新,推进科技研发创新后,就需要适当上调企业所得税率,才能够提高经济长期的资本利用率水平,降低资本产出比。在采用万得资讯金融数据库A股制造业1163家上市公司数据进一步模拟时发现,在加大计提折旧力度的同时,应适时适度地上调企业所得税率,对企业综合效应是利大于弊的。[1]

第三,从企业减负的角度看,应本着建设有限政府的宗旨,规范政府获得收入行为,减少税外融资规模,建立为企业减轻税费负担的长效机制。持续推进并优化负面清单管理模式,稳定企业预期,激发市场活力,调动民间投资积极性,为民营企业、涉农企业、小微企业打开发展空间。

第四,在提高存量资本利用率的同时,重视资本存量结构的调整。在制造业产能严重过剩的同时,国民经济并不乏投资不足且居民消费需求难以得到满足的部门,它们主要集中于正逐渐成为国民经济新增长点的服务业,尤其是那些长期被政府管制,并依照事业单位管理运营的服务业。这些领域既有旺盛的

---

[1] 加大计提折旧力度对企业实际纳税负担减轻的程度,与中长期,上调企业所得税率可能引起税负增加的程度,两者贴现后,综合效应如何?针对这一问题,我们设计4种具体情景,对制造业的26个二级子行业进行模拟估算,模拟结果发现:情景3在提升资本利用率的同时,对所有样本企业的利远大于弊;情景1、4仅有少数样本企业的综合效应弊大于利;即使是在情景2的情况下,仍然对大部分样本企业的综合效应是利大于弊的。限于篇幅,此处不再赘述具体模拟结果,如有需要,可联系作者获取相关内容。

需求,又严重缺乏投资,而且因垄断和事业化管理,效率低下。因此,需要加大全面深化改革力度,开放新的投资领域,使制造业加快折旧而变现的资本能够投资到这些领域,加快推动要素市场化流动,实现资产在国民经济行业间的结构调整,促进市场竞争,提升资源配置效率等。

第7章

产业结构与劳动份额的统一性研究
——基于要素替代弹性视角的理论模型解释

本章通过构建两部门动态随机一般均衡模型,分析了在要素替代弹性影响下产业结构和劳动份额的变化规律。研究发现,对应"工业化－去工业化－产业结构稳定"三个产业结构阶段,劳动份额有"下降－上升－下降"的变化趋势,具体表现为:(1)要素替代弹性的产业间差异可使劳动力由农业向工业、由工业向服务业流动,产业结构转型效应又进一步影响劳动份额,这可以解释我国20世纪90年代开始的劳动份额下降和2007年以后的劳动份额上升现象;(2)要素替代弹性的增长容易引起资本替代劳动,这可以解释发达国家在产业结构稳定后的劳动份额下降现象。目前提高我国劳动份额,应在推动服务业发展的同时,通过增加劳动力供给、矫正要素市场扭曲等措施减弱资本对劳动的过度替代。

7.1 引言

功能性收入分配研究的是收入在资本和劳动之间的分配问题,而规模性收入分配是对不同个体之间收入如何分配的研究。许多讨论功能性收入分配和规模性收入分配联系的文献都认为,随着劳动份额的下降,收入不平等程度会相应扩大。20世纪90年代中期开始,我国劳动份额经历了一段时间的显著下降,劳动份额的下降直接带来消费的萎靡,我国近些年凸显的产能过剩问题,就是消费和投资不均衡增长的产物。可见研究功能性收入分配问题,对于如何扩大消费、缩小收入差距等都有很好的启示作用。

研究我国劳动份额的绝大部分文献集中讨论自 20 世纪 90 年代中期开始出现的下降现象,包括下降程度的计算、下降的背后成因以及对其他经济变量的影响等。通过对中国国家统计局公布的生产总值收入法构成项目的观察,我们发现,2007 年以后我国劳动份额的变化出现新情况——在最低点后开始转入上升通道。产业结构变化是经济发展过程中非常重要的现象,尤其是在产业结构变化剧烈的发展中国家,许多经济现象都可能与之有密切关系。近几年我国服务业就业比重持续上升,工业部门的就业比重在 2012 年之后连续下降,产业结构开始步入去工业化的新阶段。那么,我国劳动份额的新趋势和产业结构的新阶段是否存在必然联系呢?

白重恩和钱震杰(2009)指出,随着产业结构由农业向非农转型,劳动份额会出现下降,但当经济结构进一步由工业向服务业发展时,劳动份额又会出现上升,即劳动份额伴随产业结构发展呈现 U 型规律。从目前的观察来看,我国劳动份额的变化轨迹也正逐渐显现出这一特征。以美国为代表的发达国家在产业结构相对稳定后劳动份额的变化考虑,我们发现,美国在 20 世纪 50 年代去工业化刚开始时工业产值占比 35% 左右,在这之后的 40 年时间中工业产值比下降至约占 20%,到 20 世纪 90 年代以后工业产值占比的下降幅度就已经很小,可以认为基本完成去工业化,但产业结构相对稳定后,劳动份额却再次下降。可见劳动份额的 U 型规律无法反映产业结构稳定后劳动份额的变化情况。

因此,本章试图对产业结构和劳动份额进行统一性研究,更全面地描绘对应不同产业结构时期劳动份额的变化规律,并寻找引起产业结构转型以及相应劳动份额变化的影响因素,以便从根源入手,保障产业结构顺利转型,促使劳动份额有效提升。本章余下部分研究内容如下:7.2 节对产业结构与劳动份额的关系、可借鉴的理论模型、要素替代弹性这三方面对产业结构和劳动份额变化的影响的文献进行综述;7.3 节构建一个两部门间只存在要素替代弹性差异的动态随机一般均衡模型;7.4 节对理论模型求解,得到在要素替代弹性的影响下,不同产业结构时期劳动力跨部门流动以及劳动份额变化的规律;7.5 节根据我国现实经济数据及相关文献对理论模型的参数进行校准,并对不同产业结构时期的劳动力流动和劳动份额变动进行数值模拟;7.6 节进行总结并提出相关政策建议。

7.2 文献综述

7.2.1 产业结构转型视角的劳动份额演变规律研究

我国自20世纪90年代中期开始出现的劳动份额下降引起了学术界的广泛关注,一些学者从产业结构视角对这一现象进行解释:白重恩和钱震杰(2009)认为劳动份额下降的绝大部分原因在于产业结构由劳动份额较高的农业过渡到劳动份额较低的工业;罗长远和张军(2009)指出由于第三产业是劳动密集型产业,其所占比重增加缓慢,造成劳动收入份额的下降;还有观点认为我国总体劳动份额的下降是由各产业内部劳动份额的下降引起的(黄先海和徐圣,2009)。由于研究的时间和数据的获取性问题,上述文献并未考虑2007年以后我国劳动份额出现的新变化。近年来,有部分学者利用企业数据、资金流量表数据等不同的数据来源观察到我国劳动份额自2007年以后开始增长(王宋涛等,2012;李稻葵和徐翔,2015),但均未进行深入研究。

综合各个产业结构时期进行研究的文献中,劳动份额变化的U型规律得到较多认可。郝枫(2012)对此做了进一步扩展,他认为在农业部门比重很高时劳动份额处在低位且不断下降,随着非农部门比重的提高,劳动份额进入上升通道,进入工业化成熟期后,又逐渐趋于稳定,称之为"$\sqrt{\quad}$型"规律。但纵观美国、日本等发达国家劳动份额的变化情况,在产业结构相对稳定后,这些国家的劳动份额并没有出现像"卡尔多事实"中指出的处于稳定状态,而是处在不断的下降中。因此,对不同的产业结构时期所对应的劳动份额变化进行一致性研究仍有可扩展的空间。另外,截至目前,以产业结构视角研究劳动份额的文献大多是通过实证方式进行,给出理论模型解释的很少。

7.2.2 基于多部门动态随机一般均衡模型解释产业结构和劳动份额的变化

在可借鉴的理论模型选择上,新古典增长理论强调经济的均衡增长,在此框架下考虑生产要素在各个部门之间的重新分配,便可反映出经济增长过程中的产业结构变化,这种多部门动态随机一般均衡模型是研究产业结构问题的有效理论工具。在相关文献中,将影响产业结构变化的因素分为需求侧、供给侧以及供需结合三大类：

（1）需求侧是指在效用函数中反映恩格尔法则对各种产品需求变化的非等量性，即随着收入增加对不同部门产品的需求变化不同，由不同产品的需求差异引发经济结构变化；

（2）从供给侧来看，各部门技术进步率不同会导致生产成本存在差异，并进一步影响各部门产品的价格，由于产品之间的替代弹性不同，随着经济发展和收入增长，部门产值比重就会发生变化。如果替代弹性大于1，即产品之间有很强的替代性，当技术进步带来生产成本降低进而价格降低时，销量的增长幅度要远远大于价格的下降幅度，生产要素更多流向技术进步快的部门，技术进步快的部门所占比重就越来越大，同理，当替代弹性小于1时，技术进步慢的部门所占比重会越来越大。Acemoglu 和 Guerrieri（2008）、徐朝阳（2010）在部门间技术进步率存在差异的基础上，进一步引入部门间要素密集度差异，技术进步带来的资本深化使资本密集型部门相对劳动密集型部门的产出更多，但当两部门产品的替代弹性小于1时，生产要素会从资本密集型部门转出，最终劳动密集型部门的生产要素占比不断提高，产业结构由资本密集型转向劳动密集型。

（3）Echevarria（1997）考虑了部门间存在技术进步率差异、要素密集度差异以及需求收入弹性差异，综合供给侧和需求侧因素讨论了产业结构的变化。

各产业部门的劳动份额是不尽相同的，在部门产出和就业结构发生变化的同时，要素收入分配格局也会发生变化。将研究产业结构的多部门动态随机一般均衡模型做进一步拓展，便可用于解释劳动份额的变化。近几年，有少量文献结合上述供给侧和需求侧因素，用多部门动态随机一般均衡模型成功解释了我国20世纪90年代中期至21世纪初的劳动份额下降现象。

7.2.3　利用要素替代弹性解释产业结构和劳动份额的变化

王晓霞和白重恩（2014）认为，自中国20世纪90年代中期以来劳动份额下降多由产业结构变化所致，而目前美国和欧洲国家劳动份额的下降大多由各行业内劳动份额的变动所致。要对工业化、去工业化和产业结构相对稳定后的劳动份额变化进行一致性研究，需要综合考虑产业结构变化给劳动份额带来的间接影响，以及各产业内部劳动份额的直接变化这两个方面，而上文所提到的供给侧和需求侧诸因素只能说明产业结构变化带来的间接影响。

一些学者已经证实要素替代弹性会对要素收入分配产生影响（Karabar bounis & Neiman,2014;Klump & Grandville,2000)。从产业结构变化角度来看,产业间要素替代弹性存在差异(Young,2013;郝枫,2012;陆菁和刘毅群,2016),替代弹性更大的部门在选择要素的使用上更加灵活,因此会倾向于选择更充足、更廉价的要素进行生产,引发要素在部门之间的重新配置,使产业结构发生变化进而影响总体劳动份额。从各产业内部劳动份额的变化来看,伴随经济发展,各产业部门内部的要素替代弹性会逐渐增加,也即资本和劳动之间的替代会越来越容易,伴随生产中要素相对投入数量的变化,要素所得也会发生变化。

7.3 理论模型构建

本章的理论模型主要参考 Acemoglu 和 Guerrieri(2008)的建模思路和求解方法。通过构建一个两部门动态随机一般均衡模型,探究在要素替代弹性影响下产业结构会发生怎样的变化,产业结构变化又如何影响劳动份额。与 Acemoglu 和 Guerrieri(2008)的不同在于:在假定部门间技术进步率和要素密集度不同的前提下,考虑资本深化对产业结构变化和经济增长的影响;而本章着重考虑部门间要素替代弹性差异对产业结构和劳动份额变化的影响。

7.3.1 生产函数

考虑有两个生产部门的完全竞争经济,每个部门均使用资本和劳动投入生产。两个部门所生产的产品作为中间品,基于柯布–道格拉斯生产函数合成最终品:

$$Y(t) = \left[Y_1(t) \right]^{\alpha} \left[Y_2(t) \right]^{1-\alpha} \qquad (7-1)$$

为了将要素替代弹性引入模型,设两个中间品部门的生产函数均为(Constant Elasticity Substitution,CES)形式。为集中讨论要素替代弹性对产业结构和劳动份额变化的影响,我们在模型中排除其他影响因素,假定两部门的技术进步和要素密集度均相同。由此,设定两部门的生产函数为:

$$Y_i = A \left[\theta (A^K \cdot K_i)^{\frac{\sigma_i - 1}{\sigma_i}} + (1 - \theta)(A^L \cdot L_i)^{\frac{\sigma_i - 1}{\sigma_i}} \right]^{\frac{\sigma_i}{\sigma_i - 1}} \qquad (7-2)$$

式中,$i = 1, 2$,表示两个生产部门;A 表示广义技术水平;$\theta \in (0,1)$,表示要素分配参数;A^K 表示资本增强型技术进步系数,反映资本投入的效率;A^L 表示劳动增强型技术进步系数,反映劳动投入的效率;$\sigma \in (0, \infty)$,表示资本和劳动的替代弹性。

7.3.2　效用函数

代表性家庭的瞬时效用函数为常相对风险规避(constant relative risk aversion, CRRA)效用函数,家庭一生的效用可表示为:

$$U = \int_0^\infty e^{-\beta t} \frac{c_t^{1-\mu}}{1-\mu} dt \qquad (7-3)$$

式中,β 为时间偏好率;μ 为相对风险规避系数。

7.3.3　资源约束

$$\dot{K}_t = Y_t - C_t - \delta K_t \qquad (7-4)$$

这一常用的 Ramsey 模型资源约束条件表明,某一时期生产的最终品被分成当期消费、当期折旧和下一期的资本积累三类。

7.4　理论模型求解

这一部分通过求解厂商利润最大化和家庭效用最大化问题,得到资本和劳动在两部门的分配以及家庭的消费轨迹。下面分两步对模型进行求解:

第一步,给定任一时刻 t 的资本总量和劳动总量,求解在 t 时刻使总产出最大化的要素分配方案 $[K^1(t)、K^2(t)、L^1(t)、L^2(t)]$[①],此为静态问题求解;

第二步,通过最大化家庭一生的效用,得到资本和消费的变化轨迹 $[K(t), C(t)]_{t=1,2,3,\cdots}$,称此为动态问题的求解。

7.4.1　静态问题求解

模型中涉及的价格有:名义利率 R、工资 ω、两个中间品价格 p_1 和 p_2、最终品价格 p,这里将最终品价格 p 标准化为 1。假定最终品在完全竞争的环境中生产,因此其最大化利润为 0,最终品利润最大化问题为:

$$\max_{\{Y_1, Y_2\}} Y = Y_1^\alpha Y_2^{1-\alpha}$$
$$s.t. \quad p_1 Y_1 + p_2 Y_2 = Y$$

求解可得:

$$Y_1 = \alpha Y / p_1 \quad Y_2 = (1-\alpha) Y / p_2 \qquad (7-5)$$

---

① 参数的上标 1、2 分别代表部门 1 和部门 2。

记人均资本为 $\bar{k}=K/L$；部门 1 资本数量占总资本量的比重为 $\lambda=K_1/K$；部门 1 劳动力数量占总劳动力的比重为 $\varphi=L_1/L$。所以，静态问题的解则转化为序列 $(\lambda_t,\varphi_t)_{t=1,2,3,\cdots}$ 的求解问题。

生产要素在中间品部门间的自由流动意味着，两部门中同一生产要素的边际产出相等且等于要素价格，这也是中间品厂商利润最大化问题的解：

$$\frac{\alpha}{1-\alpha}\Big[\theta(1-\lambda)^{\frac{\sigma_2-1}{\sigma_2}}+(1-\theta)\Big(\frac{A^L}{A^K}\frac{1-\varphi}{\bar{k}}\Big)^{\frac{\sigma_2-1}{\sigma_2}}\Big](1-\lambda)^{\frac{1}{\sigma_2}}=$$

$$\Big[\theta\lambda^{\frac{\sigma_1-1}{\sigma_1}}+(1-\theta)\Big(\frac{A^L}{A^K}\frac{\varphi}{\bar{k}}\Big)^{\frac{\sigma_1-1}{\sigma_1}}\Big]\lambda^{\frac{1}{\sigma_1}} \tag{7-6}$$

$$\frac{\alpha}{1-\alpha}\Big[\theta\Big(\frac{A^K}{A^L}(1-\lambda)\bar{k}\Big)^{\frac{\sigma_2-1}{\sigma_2}}+(1-\theta)(1-\varphi)^{\frac{\sigma_2-1}{\sigma_2}}\Big](1-\varphi)^{\frac{1}{\sigma_2}}=$$

$$\Big[\theta\Big(\frac{A^K}{A^L}\lambda\bar{k}\Big)^{\frac{\sigma_1-1}{\sigma_1}}+(1-\theta)\varphi^{\frac{\sigma_1-1}{\sigma_1}}\Big]\varphi^{\frac{1}{\sigma_1}} \tag{7-7}$$

式 $(7-6)$ 和式 $(7-7)$ 构成了关于变量 $(\lambda,\varphi,\bar{k})$ 的隐函数方程组，两式相除可简化为：

$$A^K\bar{k}=A^L(\lambda/\varphi)^{\sigma_2/(\sigma_1-\sigma_2)}\big[(1-\lambda)/(1-\varphi)\big]^{-\sigma_1/(\sigma_1-\sigma_2)} \tag{7-8}$$

由于本章忽略了两部门要素密集度差异，并假定初始时同一部门内部资本和劳动的重要性相同，故可设定 $\theta=0.5,\alpha=0.5$，再将式 $(7-8)$ 代入式 $(7-7)$ 以消掉 $\bar{k}$：

$$(2\lambda-1)\lambda^{(\sigma_2-1)/(\sigma_1-\sigma_2)}(1-\lambda)^{(1-\sigma_1)/(\sigma_1-\sigma_2)}$$

$$=(1-2\varphi)\varphi^{(\sigma_2-1)/(\sigma_1-\sigma_2)}(1-\varphi)^{(1-\sigma_1)/(\sigma_1-\sigma_2)} \tag{7-9}$$

式 $(7-9)$ 即为只包含变量 λ 与 φ 的关系式。式 $(7-9)$ 左边 $\lambda^{(\sigma_2-1)/(\sigma_1-\sigma_2)}(1-\lambda)^{(1-\sigma_1)/(\sigma_1-\sigma_2)}>0$，式 $(7-9)$ 右边 $\varphi^{(\sigma_2-1)/(\sigma_1-\sigma_2)}(1-\varphi)^{(1-\sigma_1)/(\sigma_1-\sigma_2)}>0$，因此必须有：$0.5<\lambda<1,0<\varphi<0.5$ 同时成立；或者 $0<\lambda<0.5,0.5<\varphi<1$ 同时成立。下面取 $0.5<\lambda<1,0<\varphi<0.5$ 的情况进行讨论。

式 $(7-9)$ 两边取对数后对 φ 求导可得：

$$\frac{(\sigma_1-1)\lambda+(\sigma_2-1)(\lambda-1)\mathrm{d}\lambda}{(\sigma_1-\sigma_2)\lambda(1-\lambda)(2\lambda-1)\mathrm{d}\varphi}=\frac{(1-\sigma_1)\varphi+(\sigma_2-1)(1-\varphi)}{(\sigma_1-\sigma_2)\varphi(1-\varphi)(1-2\varphi)} \tag{7-10}$$

可见 λ 与 φ 的相对变化方向取决于两部门要素替代弹性 (σ_1,σ_2)、部门 1 资本占比 λ 和劳动占比 φ 的大小。式 $(7-8)$ 取对数后两边对 $\bar{k}$ 求导可得：

$$\frac{1}{\bar{k}}=\frac{1}{\sigma_1-\sigma_2}\Big[\frac{\sigma_2}{\lambda}\frac{\mathrm{d}\lambda}{\mathrm{d}\varphi}-\frac{\sigma_2}{\varphi}+\frac{\sigma_1}{1-\lambda}\frac{\mathrm{d}\lambda}{\mathrm{d}\varphi}-\frac{\sigma_1}{1-\varphi}\Big]\frac{\mathrm{d}\varphi}{\mathrm{d}\bar{k}} \tag{7-11}$$

记 $F(\lambda,\varphi) = \dfrac{\sigma_2}{\lambda}\dfrac{\mathrm{d}\lambda}{\mathrm{d}\varphi} - \dfrac{\sigma_2}{\varphi} + \dfrac{\sigma_1}{1-\lambda}\dfrac{\mathrm{d}\lambda}{\mathrm{d}\varphi} - \dfrac{\sigma_1}{1-\varphi}$,式(7-11)可简写为:

$$\frac{\mathrm{d}\varphi}{\mathrm{d}k} = \frac{\sigma_1 - \sigma_2}{kf(\lambda,\varphi)} \qquad (7-12)$$

式(7-12)表明,两部门要素替代弹性的差异会影响劳动力跨产业流动的方向。不同产业结构时期劳动力在生产部门之间的流动方向不同,导致劳动份额的变化方向也不相同,下面详细讨论。

1. 工业化时期的劳动力转移和劳动份额变化

为讨论方便起见,对经济社会中的生产部门做简化处理,工业化时期假定只有农业和工业两个生产部门。两部门的生产技术、资本密集度均相同,消费者对两部门产品的偏好也相同,唯一不同是两部门的要素替代弹性。工业化时期两生产部门的要素替代弹性值均较低,假设 $0 < \sigma_2 < \sigma_1 < 1$。基于一般要素增强型 CES 生产函数,使用变系数面板模型估计我国三次产业的要素替代弹性时间序列,结果显示工业部门的要素替代弹性大于农业部门。对应到本章的理论模型中,可认为在工业化时期部门 1 代表工业,部门 2 代表农业,用 σ_a 表示农业的要素替代弹性,σ_m 表示工业的要素替代弹性,φ 表示工业的劳动力占比。

图 7-1 展示了在只考虑农业和工业部门时,工业的资本和劳动力占比,表明我们对 $0.5 < \lambda < 1, 0 < \varphi < 0.5$ 取值范围的假定符合我国的经济现实。当 $0 < \sigma_a < \sigma_m < 1, 0.5 < \lambda < 1, 0 < \varphi < 0.5$ 时,根据式(7-10)可证明 $\dfrac{\mathrm{d}\lambda}{\mathrm{d}\varphi} > 0$,表明工业化时期同一部门内资本和劳动占比的变化方向相同。

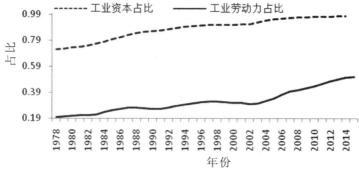

图 7-1 工业部门的资本和劳动力占比

(资料来源:资本占比由笔者计算得到,劳动力占比数据取自中国国家统计局。)

性质 1:工业化时期随着人均资本的增加,劳动力不断由农业向工业转移。

证明:

将式(7-10)代入 $F(\lambda,\varphi)$ 可得:

$$F(\lambda,\varphi) = \frac{(\lambda-\varphi)(\sigma_a-\sigma_m)}{[(\sigma_a-1)\lambda+(\sigma_m-1)(\lambda-1)]\varphi(1-\varphi)(1-2\varphi)} > 0 \quad (7-13)$$

因此,当 $\sigma_a < \sigma_m < 1$ 时, $\frac{\mathrm{d}\varphi}{\mathrm{d}k} = \frac{\sigma_m-\sigma_a}{kF(\lambda,\varphi)} > 0$ 成立。

可见随着人均资本的增加,工业部门的劳动力占比越来越高,即劳动力由农业部门流出向工业部门转移。如此便展示出工业化时期在要素替代弹性影响下,我国劳动力的跨产业流动现象,对这一现象的直观解释是:工业的要素替代弹性高于农业,因此工业在选择要素的使用上更加灵活,倾向于使用更多相对充裕、价格低廉的要素投入生产;而工业化时期我国农业部门存在大量的剩余劳动力,导致劳动力的使用成本较低;因此要素替代弹性更大的工业便会选择投入更多劳动,农业部门大量剩余的劳动力开始向工业转移。

性质 2:工业化时期随着劳动力由农业向工业转移,总体劳动份额出现下降。

证明:

工业的劳动份额为:

$$s_m = (1-\theta)\left[\theta\left(\frac{A^K}{A^L}\frac{\lambda}{\varphi}\bar{k}\right)^{\frac{\sigma_m-1}{\sigma_m}}+(1-\theta)\right]^{-1} \quad (7-14)$$

农业的劳动份额为:

$$s_a = (1-\theta)\left[\theta\left(\frac{A^K}{A^L}\frac{1-\lambda}{1-\varphi}\bar{k}\right)^{\frac{\sigma_a-1}{\sigma_a}}+(1-\theta)\right]^{-1} \quad (7-15)$$

由于 $0.5 < \lambda < 1.0, 0 < \varphi < 0.5$,故 $\frac{\lambda}{\varphi} > \frac{1-\lambda}{1-\varphi}$;又因为工业的要素替代弹性大于农业,故 $\frac{\sigma_m-1}{\sigma_m} > \frac{\sigma_a-1}{\sigma_a}$,由式(7-14)、式(7-15)可知农业劳动份额高于工业,即 $s_a > s_m$。由工业化时期劳动力跨部门转移部分的分析可知:随着人均资本的增加,工业劳动力占比和资本占比均不断上升。要素投入占比的增加会带来工业产出增加值占比的不断提高,要素份额较低部门(工业)增加值占比的提高导致总体劳动份额出现下降。

2. 去工业化时期的劳动力转移和劳动份额变化

对去工业化时期的经济现象进行分析时,假定经济中只有工业和服务业两个生产部门。两部门的生产技术、资本密集度均相同,消费者对两部门产品的偏好也相同,唯一不同的是两部门要素替代弹性。随着技术的进步和要素市场配置效率的提高,要素替代弹性逐渐增大,假设在去工业化时期 $\sigma_1 > \sigma_2 > 1$。我们对三次产业要素替代弹性的估计结果显示去工业化时期我国工业部门的要素替代弹性大于服务业部门,对应到本章的理论模型中,部门 1 代表工业,部门 2 代表服务业,用 σ_s 表示服务业的要素替代弹性,σ_m 表示工业的要素替代弹性,φ 表示工业的劳动力占比。

表 7 - 1 展示了在只考虑工业和服务业部门时,我国现实经济中资本和劳动力占比的变化情况,可见本章对 $0.5 < \lambda < 1, 0 < \varphi < 0.5$ 取值范围的假定符合我国的经济现实。当 $\sigma_m > \sigma_s > 1, 0.5 < \sigma < 1, 0 < \varphi < 0.5$ 时,根据式 (7 - 10) 可证明 $\dfrac{\mathrm{d}\lambda}{\mathrm{d}\varphi} < 0$,表明去工业化时期同一部门内资本和劳动占比的变化方向相反。

表 7 - 1　工业和服务业的资本占比与劳动力占比

年份	工业		服务业	
	资本占比	劳动力占比	资本占比	劳动力占比
2007	0.5841	0.4527	0.4159	0.5473
2008	0.5949	0.4503	0.4051	0.5497
2009	0.6033	0.4491	0.3967	0.5509
2010	0.6085	0.4534	0.3914	0.5466
2011	0.6129	0.4525	0.3871	0.5475
2012	0.6186	0.4563	0.3814	0.5437
2013	0.6238	0.4388	0.3762	0.5612
2014	0.6281	0.4241	0.3719	0.5759

(资料来源:资本占比由笔者计算得到,劳动力占比数据取自中国国家统计局。)

性质 3:去工业化时期随着人均资本的增加,劳动力会由工业向服务业转移。

证明:

由于去工业化时期 $\dfrac{\mathrm{d}\lambda}{\mathrm{d}\varphi}<0$，可得 $F(\lambda,\varphi)=\dfrac{\sigma_s}{\lambda}\dfrac{\mathrm{d}\lambda}{\mathrm{d}\varphi}-\dfrac{\sigma_s}{\varphi}+\dfrac{\sigma_m}{1-\lambda}\dfrac{\mathrm{d}\lambda}{\mathrm{d}\varphi}-\dfrac{\sigma_m}{1-\varphi}<0$。

因此有结论：当 $\sigma_m>\sigma_s$ 时，$\dfrac{\mathrm{d}\varphi}{\mathrm{d}k}=\dfrac{\sigma_m-\sigma_s}{kF(\lambda,\varphi)}<0$ 成立。

表明去工业化时期在社会总资本积累的同时，工业部门的劳动力占比不断下降，即劳动力出现由工业向服务业转移的现象。对这一现象的直观解释是，人口老龄化、计划生育政策的效果显现等使我国去工业化时期劳动力稀缺的同时工资也开始提升，由于工业的要素替代弹性高于服务业，因此拥有更多选择权的工业便会用相对便宜的资本代替劳动进行生产，从而大量工业劳动力被释放到服务业中。

性质 4：从产业结构角度来看，随着劳动力由工业向服务业转移，整体劳动份额提升的充分条件为 $g_\lambda<\dfrac{2\sigma_m-1}{\sigma_m-1}g_\varphi$，且此时资本容易对劳动产生替代，对劳动份额的提升有反向拉动作用。

证明：

工业的劳动份额为：

$$s_m=(1-\theta)\left[\theta\left(\frac{A^K}{A^L}\frac{\lambda}{\varphi}\bar{k}\right)^{\frac{\sigma_m-1}{\sigma_m}}+(1-\theta)\right]^{-1} \qquad (7-16)$$

服务业的劳动份额为：

$$s_s=(1-\theta)\left[\theta\left(\frac{A^K}{A^L}\frac{1-\lambda}{1-\varphi}\bar{k}\right)^{\frac{\sigma_s-1}{\sigma_s}}+(1-\theta)\right]^{-1} \qquad (7-17)$$

由于 $0.5<\lambda<1,0<\varphi<0.5$，故 $\dfrac{\lambda}{\varphi}>\dfrac{1-\lambda}{1-\varphi}$；又因为工业的要素替代弹性大于服务业，故 $\dfrac{\sigma_m-1}{\sigma_m}>\dfrac{\sigma_s-1}{\sigma_s}$，因此服务业的要素份额高于工业，即 $s_s>s_m$。由这一时期劳动力跨部门转移部分的分析可知：随着人均资本的增加，服务业劳动力占比不断上升，但资本占比不断下降。因此，只有保证去工业化的顺利推进，在服务业增加值占比不断提升的基础上，总体劳动份额才能得以提升。

下面从总体劳动份额入手，探讨能够提升去工业化时期总体劳动份额的充分条件。总体劳动份额的表达式为：

$$S_L=\frac{wL}{Y}=(1-\theta)\alpha\left[\theta\left(\frac{A^K}{A^L}\frac{\lambda}{\varphi}\bar{k}\right)^{\frac{\sigma_m-1}{\sigma_m}}+(1-\theta)\right]^{-1}\varphi^{-1} \qquad (7-18)$$

式中,直接影响总体劳动份额的因素包括人均资本 $\bar{k}$ 和要素替代弹性 σ_m;从产业结构角度影响总体劳动份额的因素包括部门 1 资本占比与劳动力占比的比值 $\dfrac{\lambda}{\varphi}$、部门 1 的劳动占比这两部分。下面分别进行讨论:

（1）人均资本和要素替代弹性对劳动份额的直接影响

随着技术的进步和要素市场配置效率的提高,要素替代弹性逐渐增大,当 $\sigma_m > \sigma_s > 1$ 时,资本和劳动表现出替代关系,资本大量积累和劳动缓慢增长容易引发资本对劳动的替代,从而不利于总体劳动份额提升,体现在表 7 - 2 中 $(\bar{k})^{\frac{\sigma_m - 1}{\sigma_m}}$ 的提高拉低了总体劳动份额 s_L。

（2）要素替代弹性通过影响产业结构间接影响劳动份额

由性质 3 可知,当工业的要素替代弹性大于服务业时,会使劳动力由工业向服务业转移,并且工业的劳动占比 φ 下降但资本占比提高,因此 $(\lambda/\varphi)^{\frac{\sigma_m - 1}{\sigma_m}}$ 的提高导致劳动份额 s_L 下降,而 φ 的下降推动劳动份额 s_L 上升（表 7 - 2）。所以总体劳动份额的变化方向取决于 $(\lambda/\varphi)^{\frac{\sigma_m - 1}{\sigma_m}}$ 与 φ 变化率的相对大小。记 λ 的增长率为 g_λ,φ 的下降率为 g_φ,于是 $(\lambda/\varphi)^{\frac{\sigma_m - 1}{\sigma_m}}$ 的增长率为 $\dfrac{\sigma_m - 1}{\sigma_m}(g_\lambda - g_\varphi)$。若要总体劳动份额上升,必须有 $(\lambda/\varphi)^{\frac{\sigma_m - 1}{\sigma_m}}$ 增长的速度小于 φ 下降的速度,也即促进总体劳动份额提升的充分条件为:

$$g_\lambda < \frac{2\sigma_m - 1}{\sigma_m - 1} g_\varphi \qquad (7 - 19)$$

该充分条件再次表明,当要素替代弹性 σ_m 增加时,$\dfrac{2\sigma_m - 1}{\sigma_m - 1}$ 则下降,资本对劳动的过度替代不利于总体劳动份额的提升。同时,提高服务业劳动占比的增速 (g_φ),减缓服务业资本占比下降的速度,加快去工业化步伐有利于提升总体劳动份额。

表 7 - 2　去工业化时期劳动份额的变化分解

经济变量	$(\bar{k})^{\frac{\sigma_m - 1}{\sigma_m}}$	$(\lambda/\varphi)^{\frac{\sigma_m - 1}{\sigma_m}}$	φ
变化趋势	提高	提高	下降
对劳动份额的影响	拉低	拉低	提升

3. 产业结构稳定后劳动份额的变化

当产业结构处在这一时期时,生产要素的跨部门转移就很少了如表 7 - 3 所示,此时变量 λ 和 φ 的值趋于常数。随着技术的进一步发展和要素市场机制的更加健全,要素之间的替代也变得比以上两个时期更加容易,当经济中所有部门的要素替代弹性都大于 1 时,由式(7 - 18)可知,人均资本存量的增加会使总体劳动份额下降。

表 7 - 3　产业结构稳定后劳动份额的变化分解

经济变量	$(\bar{k})^{\frac{\sigma_m - 1}{\sigma_m}}$	$(\lambda/\varphi)^{\frac{\sigma_m - 1}{\sigma_m}}$	φ
变化趋势	提高	不变	不变
对劳动份额的影响	拉低	无影响	无影响

要素替代弹性的增加、资本的积累、技术进步带来的资本价格下降以及人口增长缓慢导致的劳动力成本上升均可导致资本对劳动的过度替代,从而使劳动份额下降。20 世纪 80 年代以来,一些发达国家在产业结构相对稳定后均经历了劳动份额的下降,对此许多研究都指出,这些国家总体劳动份额的下降是源于各产业内部劳动份额的下降,且这种下降发生的绝大部分原因可用资本对劳动的替代解释。

7.4.2　动态问题求解

假设技术进步满足指数式增长,资本和劳动的初始技术水平(A_0^K, A_0^L)均假定为 1,资本的偏向技术进步率恒定为 gk,劳动的偏向技术进步率恒定为 gl,于是资本和劳动的技术进步水平可分别表示为 $A_t^K = e^{gk \cdot t}, A_t^L = e^{gl \cdot t}$。

1. 代表性家庭的效用函数

代表性家庭的效用函数表示为:

$$\int_0^\infty e^{-[\beta - n - gl \cdot (1-\mu)]t} \frac{\bar{c}_t^{1-\mu}}{1-\mu} dt \qquad (7-20)$$

式中,$\bar{c}_t = \dfrac{c_t}{A_t^L L}$,表示有效人均消费。

2. 预算约束

$$\dot{K} = Y - C - \delta K \qquad (7-21)$$

式中，K 表示经济社会的总资本量；Y 表示总产出；C 表示总消费；δ 表示折旧率。

有效人均资本 $\bar{\bar{k}} = \dfrac{K}{A^L L}$，有效人均资本的变化率可表示为：

$$\dot{\bar{\bar{k}}} = \frac{Y}{K}\bar{\bar{k}} - \bar{c} - (\delta + gl + n) \cdot \bar{\bar{k}} \qquad (7-22)$$

式（7-6）和式（7-7）是两个包含 λ、φ、$\bar{\bar{k}}$ 的方程，对方程组求解可得到用 $\bar{\bar{k}}$ 表示的 λ 和 φ 的表达式，于是 $\dfrac{Y}{K}$ 可表示成用 $\bar{\bar{k}}$ 和各参数表示的形式。引入符号 $f(\bar{\bar{k}})$，令式（7-22）中 $\dfrac{Y}{K}\bar{\bar{k}} = f(\bar{\bar{k}})$，预算约束式（7-21）可表述成有效人均形式：

$$\dot{\bar{\bar{k}}} = f(\bar{\bar{k}}) - \bar{c} - (\delta + gl + n) \cdot \bar{\bar{k}} \qquad (7-23)$$

3. 效用最大化问题求解

用汉密尔顿函数法求解效用最大化问题可得欧拉方程：

$$\dot{\bar{c}} = \frac{\bar{c}}{\mu}[f'(\bar{\bar{k}}) - (\beta + \delta + gl + n)] \qquad (7-24)$$

至此，式（7-23）和式（7-24）构成该动态问题的解，其中，式（7-23）反映有效人均资本的动态变化路径，式（7-24）反映有效人均消费的动态变化路径。

7.5 参数校准及数值模拟

7.5.1 参数校准

将待校准的参数分为两类：一类根据研究中国经济问题的相关文献并结合实际经济数据进行校准；另一类是为了满足本章相关假定，在不偏离实际的情况下对相关参数取值。

1. 根据经济现实进行相关参数设定

参考彭俞超和方意（2016）的做法，用稳态时存款利率的倒数估计主观贴现率 β，并用 1 年期 Shibor 作为存款利率的代表指标。我们计算得出自 2006 年推出 Shibor 至 2016 年存款利率的平均值为 3.8619%，因此取 $\beta = 0.9628$。Barro（2006）指出经济文献一般在区间 [2,4] 内取相对风险规避系数 μ 的值，参考陈彦斌等(2014)的做法,取 $\mu=2$。参考许伟和陈斌开(2009)的做法,将折旧率 δ 设定为10%。用1993—2015年人口自然增长率的平均值表示人口增长率 n,取 $n=6.895\%$。

2. 为满足本书相关假定的参数校准

为了更有效地辨识要素替代弹性对产业结构和劳动份额的影响,本章暂且忽略两部门要素密集度的差异,并假定同一部门内资本和劳动的相对重要性相同,因此设定体现两部门相对重要性的参数 $\alpha=0.5$,部门内体现要素相对重要性的参数 $\theta=0.5$。

戴天仕和徐现祥(2010)考察了我国的资本和劳动偏向技术进步变化,得到偏向技术进步率在 $0.00221\sim0.11881$ 范围内变化。为了集中精力考察要素替代弹性的影响效应,本章暂且忽略偏向技术进步给劳动份额带来的影响。令劳动增强型技术进步率 gl 和资本增强型技术进步率 gk 相等,且都取值为 0.05,当然这一取值是在戴天仕和徐现祥(2014)得到的区间范围内的。

在讨论劳动份额变动时,假定了工业化时期两部门的要素替代弹性满足 $\sigma_2<\sigma_1<1$,故在进行工业化时期的数值模拟时,取 $\sigma_1=0.5,\sigma_2=0.4$;在去工业化时期假定了 $1<\sigma_2<\sigma_1$,因此,在进行去工业化时期的数值模拟时,取 $\sigma_1=1.5,\sigma_2=1.1$。

7.5.2 数值模拟

对基准模型中不同产业结构阶段的转型和劳动份额变动进行模拟,下面分别详细分析。

1. 工业化阶段

假设初始总劳动力数量 $L(0)=1$。由动态问题可得到人均资本的变化轨迹,结合理论模型中式(7-6)和式(7-7),便可模拟出各部门劳动力占比和资本占比的变化路径,并进一步由式(7-18)得到工业化时期总劳动份额的变动情况。

图7-2和图7-3表明工业化时期农业劳动力占比越来越低,而工业劳动力占比越来越高。20世纪90年代我国农村剩余劳动力数量庞大,经估算有1/3的劳动力是剩余的,同时出现了大量农村劳动力向乡镇企业、城市工厂等产业转移的现象。可见本章的研究结论符合我国经济的发展现实,说明要素替代弹性是影响劳动力跨部门转移的重要因素。

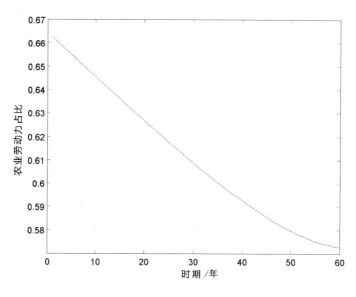

图 7 - 2　农业劳动力占比

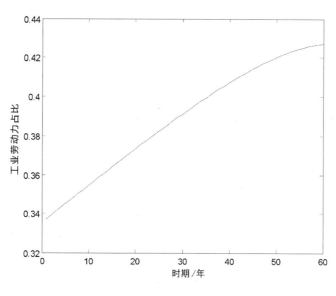

图 7 - 3　工业劳动力占比

图 7 - 4 展示了总劳动份额的变化情况:随着工业化的推进,劳动力不断由农业向工业转移,总劳动份额逐渐下降,与上文理论模型的结论一致。工业生产要素占比的增加使工业产出占经济总产出的比重越来越大,此时要使总劳动

份额下降,必然要在农业劳动份额高于工业的基础上才能实现,也就是说,在仅考虑了部门间要素替代弹性差异的情况下,得到农业劳动份额高于工业的结论,这与现实经济中农业为劳动密集型产业,而工业为资本密集型产业的情况相符。

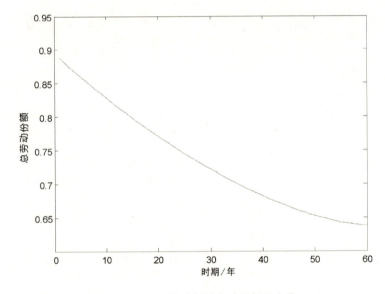

图7-4 工业化时期总劳动份额的变化

2.去工业化阶段

上文理论模型已推导出由式(7-6)和式(7-7)所描述的工业劳动力占比、资本占比与人均资本三者之间的关系。通过对动态问题的求解,可得到人均资本的变化路径。如此,在校准模型相关参数的基础上,便可模拟出各部门劳动力占比和资本占比的变化路径,进一步由式(7-18)得到去工业化时期总劳动份额的变化路径。

图7-5和图7-6展示去工业化时期的产业结构变化:(1)由于只考虑工业和服务业两个生产部门,故工业劳动力占比与服务业劳动力占比的变化方向完全相反,且同一时点上两者之和为1;(2)在去工业化过程中,工业劳动力占比逐渐下降,服务业劳动力占比逐渐提高。可见要素替代弹性同样可以影响去工业化时期劳动力的跨产业流动方向。生产技术的进步和要素市场运行机制的健全,使劳动力和资本要素之间的替代越来越容易,随着资本总量的增多,资本相对劳动力的价格下降,替代弹性更大的工业部门便倾向于使用更多的资本

投入生产,而将价格相对高的劳动力要素释放到服务业部门中。

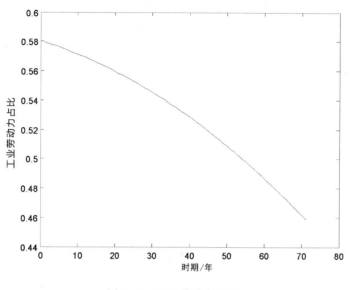

图 7-5　工业劳动力占比

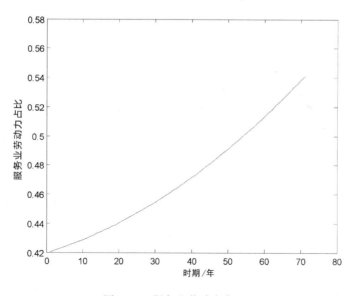

图 7-6　服务业劳动力占比

图 7 - 7 展示了去工业化时期总劳动份额的变化情况：(1)随着去工业化的推进，由要素替代弹性的部门间差异引起的产业结构转型会带来总体劳动份额的提升；(2)劳动力的流入使服务业产出占比越来越大，同时总体劳动份额也越来越高，由此我们能够得到服务业劳动份额高于工业的结论，这与我国现实经济中服务业作为劳动密集型产业，而工业作为资本密集型产业的事实相符。

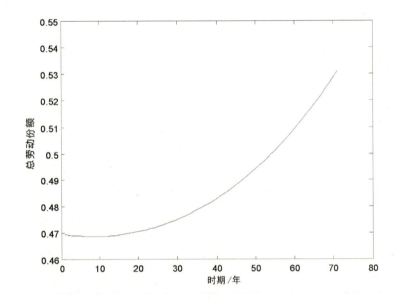

图 7 - 7　去工业化时期总劳动份额的变化

3. 产业结构稳定后

产业结构相对稳定以后，劳动力的跨产业转移就很少。资本的不断积累使经济社会中可投入生产的资本要素充裕，人口增长率的下降、人口老龄化等使可投入生产的劳动力数量减少，此时资本对劳动力的过度替代很容易引发总体劳动份额的再次下降，如图 7 - 8 所示。

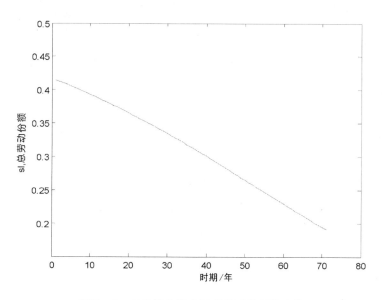

图 7 - 8　产业结构稳定后总劳动份额的变化

7.6　结论及政策建议

本章搭建一个对应不同产业结构时期,研究劳动份额如何变化的统一框架,并基于要素替代弹性视角对产业结构的转型和劳动份额的变化进行解释。在研究方法上,借鉴了将结构转型和经济增长统一起来的多部门动态随机一般均衡模型,对其改进和扩展后,假定部门间只存在要素替代弹性差异,得到了不同时期劳动力的跨产业流动方向和劳动份额的变化方向。具体结论有以下几点:

第一,我国各个产业结构时期的劳动份额变化呈现不同规律,对应"工业化 – 去工业化 – 产业结构稳定"这三个阶段,劳动份额的变化趋势为"下降 – 上升 – 下降",具体表现为:(1)我国 20 世纪 90 年代中期至 21 世纪初期出现的劳动份额下降,可以用工业化时期产业结构由农业向工业转型进行解释,而该时期要素替代弹性的数值较低、工业要素替代弹性大于农业的事实推动了工业化进程的发生;(2)2007 年以来,我国劳动份额呈现上升趋势,我们认为这与去工业化时代的到来关系密切。工业增势疲软,服务业发展迅猛,服务业作为劳动密集型行业,其产值占比的增加推动了整体劳动份额的上升。而要素替代弹性的增加、工业要素替代弹性大于服务业的事实对这一时期的产业结构转型起到了强有力的推动作用。(3)目前,美国、日本等发达国家劳动份额变化的事实为我国未来劳动份额的可能变化提供参考和警示。许多发达国家在产业结构相对稳定后劳动份额开始下降,我们认为这与各个产业内部资本对劳动的过度替代相关。

第二,虽然数值模拟结果显示去工业化时期总体劳动份额将逐渐上升,但仍应警惕资本对劳动的过度替代给总体劳动份额提升带来的反向拉动。工业化的发展带来了大量的资本积累,虽然资本在部门间存在流动,但每个生产部门内部的绝对资本数量仍然是不断增加的。我国于本世纪初开始实施的计划生育政策到目前已显现出其效果,加上近些年老龄化速度加快,均导致了劳动力增速放缓。要素市场扭曲的不断矫正,加上生产技术的不断进步,使生产要素之间的替代越来越容易,伴随着劳动力要素逐渐稀缺,大量积累的资本就会对劳动力产生替代,从而拉低总体劳动份额。

由于劳动较资本更均匀地为民众所持有,因此劳动份额的提升有助于缩小收入分配差距,对扩大消费需求也有很强的促进作用。2012年以来我国工业就业人数占比持续下降,而服务业就业比重不断攀升,2007年以来我国劳动份额结束了自20世纪90年代中期以来的下降,开始转入上升通道,可见我国劳动份额在去工业化时期增长势头显著。然而正如文中所讨论的,去工业化时期仍然存在阻碍劳动份额增长的因素存在,为此提出以下建议:

首先,相对工业,服务业是更加劳动密集型的行业,因此提高服务业增加值占比可以增加总体劳动份额,但在推动服务业发展的同时,应注意优化服务业发展结构。大量工业部门低技能劳动力向餐饮等低端服务业的转移虽然增加了服务业的增加值占比,但并不能带来劳动份额的有效提升。应通过加大教育投资力度,推动医疗保障建设,加强劳动力的跨地区跨产业流动等加快人力资本积累,为高端服务业发展注入活力,提高现代服务业的整体发展水平,才能有效提升总体劳动份额。

其次,随着要素市场运行机制的不断健全,要素替代弹性的增长是必然趋势,因此要素之间的替代也越来越容易。为防止资本对劳动过度替代造成的劳动份额下降,增加劳动力数量是一种有效的缓解方法。我国2016年初实施的"全面二孩"政策就为增加劳动供给提供了政策支持,但抚养两个孩子为家庭带来的经济负担成为政策实施的阻碍,因此建议可以为"二孩家庭"提供财政激励补贴,以有效提高人口增长率。

再次,国有企业的存在是我国要素市场扭曲的一种表现,大量研究表明国有企业的融资成本往往低于私营企业,具有充足且廉价的资本供应;同时国有企业因为行政垄断等原因往往产生超额利润,带来国有企业员工工资的过快上涨,这些均可导致资本对劳动的过度替代。因此消除体制障碍、打破国企垄断、提供竞争性的市场环境可有效减弱要素间的过度替代,促进就业增长,推动劳动份额提升。

最后,2012 年我国服务业增加值已超过工业,成为国民经济第一大产业,为有效提高总体劳动份额,应该警惕服务业内部资本对劳动的过度替代,关注服务业内部资本密集型行业的发展态势。房地产业作为服务业中的资本密集型行业,近几年发展速度十分迅猛,罗长远和张军(2009)将我国第二产业和第三产业进一步细分,计算表明劳动份额最低的就是房地产业,因此,政府应采取措施抑制房价的过快上涨,以推动劳动份额的提升,促进收入分配的合理化。

第8章

政府基础研究对经济增长的影响
——基于创新驱动增长理论模型的一个扩展

中国经济增长正由投资驱动向创新驱动转变,创新的源头是基础研究,而基础研究的投资主体是政府。为考察政府基础研究对经济增长的影响,本章对Romer(1990)和Jones(1995)创新驱动增长理论模型予以扩展,将研发部门扩展为基础研究部门和私人研发部门,将政府研发支出细分为基础研究支出、私人研发部门补贴和消费性公共支出,将劳动力细分为非熟练工人和科研人员且两者不可替代。对扩展后的模型求解一般均衡发现:提高政府基础研究支出比例会推动经济增长;政府补贴对私人部门研发支出具有挤出效应;政府消费性公共支出会抑制政府基础研究对经济增长的推动作用;选择税率分别为10%、20%和30%的数值模拟结果也印证了这一结论。

8.1 引言

近年来,以Romer(1990)为代表的创新驱动增长理论为考察技术进步影响经济增长提供了基准的分析框架。他构建了一个包含研发和垄断竞争的一般均衡模型,该模型中厂商为获得垄断利润会不断增加研发支出,研发支出的增加推动了技术创新,技术创新又推动了新产品种类的增加,最终推动了经济增长。Romer(1990)模型将外生技术进步正式内生化,但该模型有一个特点即存在规模效应,只要增加科研人员数量就会提高经济增长率。对此,经济学家存在较多争议,其中以Jones(1995)、Kortum(1997)和Segerstrom(1998)为代表的经济学家们对Romer(1990)模型进行实证检验发现,战后OECD国家投入了大量的科研人员用于研发活动,但这些国家的经济却并未增长反而有下降趋势。为此,Jones(1995)对 Romer(1990)模型进行改进,将知识存量的指数由等于 1 修正为小于 1 从而消除了规模效应。这一改进得到研究学者的广泛支持,在此基础上,学者们又进一步对 Romer(1990)模型进行扩展,例如一些学者在 Romer (1990)模型中引入人力资本,发现人力资本和创新的相互作用有利于经济增长 (Lloyd - Ellis,1999;杨立岩和潘慧峰,2003;Kosempel,2004;赖明勇等,2005;Papageorgiou & Perez - Sebastian,2006)。又如一些学者将财政政策引入模型,考察不同税收政策对经济增长的影响(Zeng & Zhang,2007;严成樑和胡志国, 2013;王宝顺和 Lucy,2017);或是考察政府研发政策对经济增长的影响。在考察政府研发政策对经济增长影响的文献中,有的学者将政府研发政策描述为政府对私人部门的研发补贴(Samaniego,2007;Sener,2008;王军和张一飞,2016), 也有学者将政府研发政策描述为政府对研发的总支出,但没有对其进一步细分 (Park,2004;严成樑,2009)。

现实经济中政府研发政策是多方面的,政府不仅会对私人部门从事的一般性技术研发进行补贴,还会对非竞争性的基础研究进行支持。由于基础研究投资大、周期长、风险高且难盈利,私人部门往往没有足够的资金和积极性开展基础研究,我国基础研究经费几乎全部由政府承担。朱迎春(2017)根据科技部负责的研究机构的统计数据推算我国基础研究经费来源于政府资金的比例高达98%,政府对基础研究的投资力度直接决定了我国基础研究的投资强度。然而我国基础研究经费占全社会研发经费的比重一直偏低,成力为和郭园园(2016) 将中国与其他 27 个代表性国家和地区自 2005—2010 年的科技指标进行分析比较发现,我国基础研究支出比例过低,并从国家和企业层面的实证分析发现基础研究经费对政府的依赖性较强。柳卸林和何郁冰(2011)指出我国研发投入的快速增长并未带来产业核心技术创新能力的同步增长,其根源在于基础研究支出"比例失调"。张炜等(2016)提出应正确认识基础研究的重要性,合理确定基础研究支出强度,提高基础研究在中央财政新增研发投资的比例。基础研究是开展其他一切研究的前提,基础研究支出不足会造成一国技术基础薄弱,原始创新能力不足,核心关键核心技术受制于人,不利于国家长期经济增长。党的十九大强调要瞄准世界科技前沿,强化基础研究,实现前瞻性基础研究,引领性原创成果重大突破。可见,当前国家日益重视基础研究,政府作为基础研究的投入主体,其重要性不言而喻。

通过文献回顾发现,对政府基础研究与经济增长问题的讨论大多出现在规范研究和实证研究中,而鲜有理论研究探讨。相关理论研究要么只是简单考察政府研发支出整体对经济增长的影响,要么只考虑了政府私人部门研发补贴的影响,很少有研究将政府基础研究从政府私人部门研发补贴中区分开来,专门讨论政府基础研究对经济增长的影响。本章拟通过创新驱动增长模型对这一问题予以理论探讨,为使研究更贴近经济现实,本章将对 Romer(1990)和 Jones(1995)模型作如下扩展:

(1)将研发部门扩展为两个部门,分别是基础研究部门和私人研发部门,基础研究部门为非营利部门,主要从事基础科学知识的探索和发现,其成果由全社会共享;私人研发部门为营利部门,主要从事一般性技术研发,其成果用于销售以获得经济收益。

(2)引入政府部门,假定政府财政资金用于支持基础研究、私人研发部门补贴和消费性公共支出。其中,政府承担全社会基础研究经费,政府对私人研发部门的技术成果销售予以一定比例的补贴。

(3)将劳动力分为两类:一类是从事最终产品生产的非熟练工人;一类是从事研发活动的科研人员,这两类劳动力不可替代且数量是固定的,科研人员可在基础研究部门和私人研发部门进行流动。

在此基础上,对扩展后的理论模型求解一般均衡,并通过数值模拟考察政府基础研究对经济增长的影响。本章的现实意义在于,在当前我国原始创新能力不足和关键核心技术长期受制于人的严峻形势下,为政府优化研发政策,加大基础研究经费支出提供理论支撑。

8.2 我国基础研究支出的特征事实

8.2.1 基础研究支出情况

学术界常用基础研究经费与全社会研发经费的比值(简称为 GEBR/GERD 值)衡量一个国家研发活动中知识创造和原始性创新活动所占的比重。近年来,在创新驱动发展战略的推进下,我国基础研究经费快速增长,已从 1995 年的 18.06 亿元跃升至 2016 年的 822.89 亿元,增长了 45 倍多(图 8-1)。但是,我国 GEBR/GERD 值却常年维持在 5% 左右,远远落后于其他创新型国家,如捷

克(31.0%)、瑞士(30.4%)、法国(25.2%)、美国(17.2%)、英国(16.9%)等,
与同为亚洲国家的日本(12.5%)、韩国(17.2%)相比,GEBR/GERD 值相差也
很大(图 8 - 2)。日韩两国与我国科技发展历程较为相似,由于基础研究的长
期性和不确定性,在工业发展初期时,日韩两国为获得低研发成本下的快速发

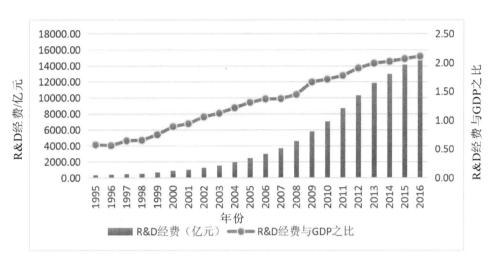

图 8 - 1　我国基础研究经费及 GEBR/GERD 变化(1995—2016 年)

[资料来源:根据中国科技统计年鉴(2017 年)整理。]

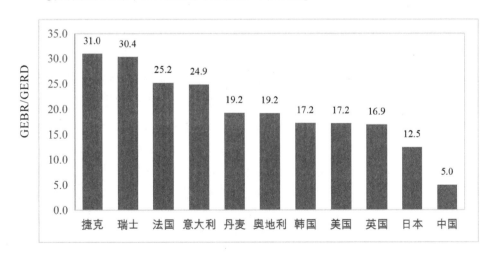

图 8 - 2　部分国家 GEBR/GERD 比较(2015 年或最近可得年份)

[资料来源:根据中国科技统计年鉴(2017 年)整理。]

展,并不重视基础研究,而将更多的资金和人力投到一般性技术开发,采取技术模仿跟随战略。起初两国经济确实得到了迅速发展,然而在工业发展中后期,不重视基础研究的弊端逐渐显现,两国也意识到依赖模仿先进科技并非发展长久之计,因此纷纷提高了基础研究支出的比重(钱万强等,2017)。尤其是韩国,近几年在基础研究领域投资增长很快,2011 年 GEBR/GERD 值为 13%,2015 年已增至 17%①。我国近几年虽逐渐开始重视基础研究,基础研究经费逐年上升,但我国研发经费的支出结构不够合理,基础研究支出明显不足,与其在科技创新活动中所处的重要地位明显不匹配(王海燕等,2017)。

8.2.2　政府基础研究支出情况

在我国基础研究支出明显不足的情况下,政府资金作为基础研究经费的主要来源,主要通过教育经费、科学事业费与专项经费等方式流向高等学校和政府研究机构(郭迎锋等,2016)。2008—2016 年,不论中央还是地方政府,财政科技支出和基础研究支出都在逐年增长(表 8 - 1)。从基础研究支出结构来看,中央政府基础研究支出约占 90%,地方政府基础研究支出仅占 10% 左右,说明我国基础研究经费主要由中央政府承担(图 8 - 3)。从中央政府财政科技支出来看,2008—2016 年中央政府基础研究支出占中央本级财政科技支出比例大致保持在 15% ~ 20%。以 2016 年为例,中央本级财政科技支出共 2686.1 亿元,用于基础研究支出为 518.13 亿元,占 19%。而同年美国联邦政府基础研究经费为 335.1 亿美元(2218.362 亿元),约占联邦政府研发资金的 23%②。韩国政府基础研究经费占政府研发资金的 39%③。相比之下,中央政府基础研究经费远远不足,中央政府基础研究经费占中央财政科技支出比例明显偏低。从地方财政科技支出来看,地方财政科技支出占全国科技总支出的一半以上,但用于基础研究的比例却不足 2%,2016 年仅有 1.3%。而美国州政府研发资金仅占美国研发总支出的 3%,但却有 55% 的比例用于基础研究。相比之下,我国地方财政科技支出很多,却对基础研究的贡献极小。

---

① 数据来源于 2015 年《联合国教科文组织科学报告:面向 2030》。
② 根据美国 OSTP 公布的 2017 年联邦政府研发预算数据整理。
③ 数据来源于韩国国家科学技术审议会暨运营委员会公布的《第三届科学技术基本计划(2013—2017 年)》。

表 8-1　2008—2016 年我国政府基础研究支出情况

政府基础研究支出	2008 年	2009 年	2010 年	2011 年	2012 年	2013 年	2014 年	2015 年	2016 年
全国财政科技支出(亿元)	2129.2	2744.5	3250.2	3828.02	4452.63	5084.3	5314.45	5862.57	6563.96
其中:基础研究科目(亿元)	190.5	228.6	265.1	325.80	361.69	406.66	471.07	550.91	569.69
中央本级财政科技支出(亿元)	1077.4	1433.8	1661.3	1942.14	2210.43	2368.99	2436.66	2478.39	2686.10
其中:基础研究科目(亿元)	170.2	208.6	242.7	294.26	328.13	362.91	428.84	500.45	518.13
基础研究支出/中央财政科技支出(%)	15.8	14.5	14.6	15.2	14.8	16.0	17.6	20.2	19.3
地方财政科技支出(亿元)	1051.9	1310.7	1588.9	1885.88	2242.90	2715.31	2877.79	3384.18	3877.86
其中:基础研究科目(亿元)	20.3	20.1	22.4	31.54	33.56	43.75	42.23	50.46	51.56
基础研究支出/地方财政科技支出(%)	1.9	1.5	1.4	1.7	1.5	1.6	1.5	1.5	1.3

[资料来源:根据财政部全国、中央、地方一般公共财政预算支出决算表(2011—2016 年)整理。]

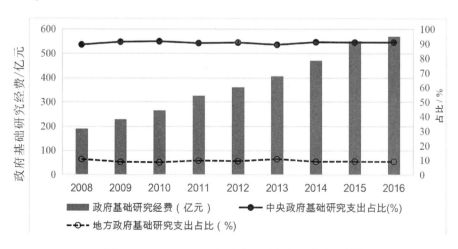

图 8-3　2008—2016 年政府基础研究经费支出结构

[资料来源:根据财政部全国、中央、地方一般公共财政预算支出决算表(2011—2016 年)整理。]

图 8-4 为 1980—2016 年美国、日本、韩国、法国的政府基础研究与人均 GDP 的散点图①。可以看出,这些国家的政府基础研究与人均 GDP 存在着显著的正相关性(美国、日本、韩国在 $P < 0.001$ 水平下显著,法国在 $P < 0.1$ 水平下显著)。在我国,政府作为基础研究的投资主体其重要性不言而喻,而我国财政支出结构中基础研究支出比例严重偏低,致使我国知识创造和原始性创新能力非常薄弱,无法摆脱核心关键技术长期受制于他国的不利局面,这势必会影响到我国经济的持续发展。因此,未来加强基础研究、增强原始创新能力势在必行,特别是在企业和社会没有动力、没有能力投入的情况下,政府对基础研究的支持就显得尤为重要(万钢,2013)。那么,这一经验事实是否能够得到理论研究的支持,则是本章需要解决的问题。

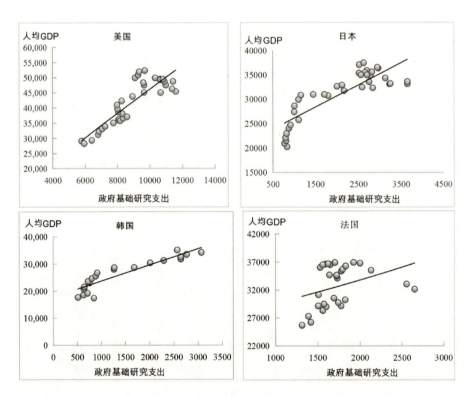

图 8-4　政府基础研究支出与人均 GDP

(资料来源:OECD 数据库。)

---

① 由于韩国和法国某些年份数据缺失,这里韩国使用 1996—2016 年的数据,法国使用 1986—2016 年的数据。

8.3　理论模型

本章基于 Romer(1990)和 Jones(1995)创新驱动增长理论模型讨论一个封闭经济,包含六个部门(阿格因和豪伊特,2011):最终产品生产部门、机器设备生产部门、私人研发部门、基础研究部门、家庭、政府。其中,基础研究部门通过雇佣一部分科研人员进行基础科学知识的探索和发现;私人研发部门在已有基础发现上,雇佣另一部分科研人员从事一般性技术研发,并将研发出来的技术成果销售给机器设备生产部门;机器设备生产部门购买了这些技术成果,并投入资本生产出先进的机器设备;最终产品生产部门购买了这些机器设备,并雇佣非熟练工人来生产最终产品。下面分别对每个部门进行讨论。

8.3.1　最终产品生产部门

假设最终产品部门有一个代表性的厂商,只生产 1 种最终产品,其产量用表示。最终产品部门通过雇佣非熟练劳动 L 和投入机器设备 X 来生产最终产品。其中,非熟练工人的劳动力供给无弹性,即无论工资如何变化,劳动力供给都不会发生改变;x_i 表示第 i 种机器设备的投入量,它由机器设备生产部门的厂商来提供,$i \in [0, A_1]$。根据水平创新模型通常的设定①,A_1 表示机器设备的种类。由于最终产品部门是完全竞争的,可以设定最终产品的生产函数为 Cobb - Douglas 形式,表示为

$$Y = L^\alpha \int_0^{A_1} x_i^{1-\alpha} \mathrm{d}i \tag{8-1}$$

式中,$0 \leq \alpha \leq 1$。

最终产品部门需要支付给非熟练工人的工资设为 w_L,则 $w_L L$ 为劳动力投入成本。最终产品生产部门需要从其上游部门(机器设备生产部门)购买机器设备②,第 i 种机器设备的价格由提供该种机器设备的垄断厂商给定,设为 p_i,则 $\int_0^{A_1} p_i x_i \mathrm{d}i$ 为机器设备投入成本。假设最终产品单价为 1,最终产品生产出来需

---

① 根据 Romer(1990),A_1 指机器设备的种类,即创新是通过增加新的设备种类来提高生产率,因此称为水平创新模型。

② 假设机器设备在完成最终产品生产后会完全折旧。

要交税,税率为 τ,则最终产品生产商的收益为 $(1-\tau)L^\alpha \int_0^{A_1} x_i^{1-\alpha} di$,利润为:

$$(1-\tau)L^\alpha \int_0^{A_1} x_i^{1-\alpha} di - w_L L - \int_0^{A_1} p_i x_i di。$$

最终产品部门可以选择劳动和机器设备数量实现自身利润最大化:

$$\max_{\{L,x_i\}} \left\{ (1-\tau)L^\alpha \int_0^{A_1} x_0^{1-\alpha} di - w_L L - \int_0^{A_1} p_i x_i di \right\}$$

由一阶条件可得:

非熟练工人的工资:

$$w_L = (1-\tau)\alpha L^{\alpha-1} \int_0^{A_1} x_i^{1-\alpha} di \qquad (8-2)$$

x_i 的反需求函数:

$$p_i = (1-\tau)(1-\alpha)L^\alpha x_i^{-\alpha} \qquad (8-3)$$

式(8-3)表示对第 i 种机器设备的需求量由第 i 种机器设备的价格 p_i 决定,即 $x_i = x(p_i)$。

8.3.2 机器设备生产部门

假设机器设备生产部门由很多厂商构成,每个厂商只生产一种机器设备,且每个厂商生产的机器设备互不相同。这种不同是因为假定机器设备厂商的上游部门(私人研发部门)研发出一种新的技术成果后,机器设备厂商就会购买此项技术成果(购买后可永久性使用,因此该支出为固定成本),并根据技术成果生产出独有的机器设备品种,从而成为该机器设备品种的垄断供应商。机器设备生产部门需要投入资本进行生产,生产 1 单位的机器设备需要投入 1 单位的资本,资本利息为 r。则生产第 i 种机器设备的投入为 rx_i,收益为 $p_i x_i$,机器设备生产部门的利润为 $p_i x_i - r_i$。

机器设备生产部门可以选择生产 x_i 的数量来最大化自身利润:

$$\pi = \max_{x_i} \{ p_i x_i - rx_i \} \qquad (8-4)$$

式(8-3)代入式(10-4),得到 $\pi = \max_{x_i} \{ (1-\tau)(1-\alpha)L^\alpha x_i^{1-\alpha} - rx_i \}$,该利润函数满足最终产品部门对机器设备的最优需求。根据一阶条件可求得机器设备生产部门的资本利息:

$$r = (1-\tau)(1-\alpha)^2 L^\alpha x_i^{-\alpha} \qquad (8-5)$$

式(8-5)代入式(8-4),得到机器设备生产部门利润函数:

$$\pi = \alpha(1-\tau)(1-\alpha)L^\alpha x_i^{1-\alpha} \qquad (8-6)$$

式(8-5)、式(8-6)中的 x_i 既是机器设备的最优供应量,也是最终产品部门的最优需求量。

8.3.3　私人研发部门

私人研发部门为营利部门,主要从事一般技术研发,研发出来的技术成果全部销售给机器设备生产部门。新技术成果的创造是在已有技术成果和基础科学知识的基础上产生的,同时这一过程需雇佣科研人员。创新驱动增长模型中的研发生产函数最早是由 Romer(1990)提出来的,形式为: $\dot{A} = \delta HA$。为消除规模效应,Jones(1995)将 Romer(1990)的研发生产函数做了改进,形式为: $\dot{A} = \delta H^\lambda A^\varphi$。本章沿用 Jones(1995)的研发生产函数形式。假设新研发的技术用 $\dot{A}_1$ 表示,已有技术成果用 A_1 表示,已有基础科学知识用 A_2 表示,私人部门科研人员数量用 H_1 表示。私人研发部门的生产函数可表示为:

$$\dot{A}_1 = \delta_1 H_1^\lambda A_1^\varphi A_2^\theta \qquad (8-7)$$

式中, $\delta_1 > 0$,表示私人部门技术研发成功的概率; $0 < \lambda < 1$,表示私人部门人力资本弹性系数; $0 < \varphi < 1$ 和 $0 < \theta < 1$ 分别表示已有技术成果和基础科学知识对技术研发的贡献率。

由于基础研究具有很强的外部性和非排他性,基础研究一旦有新的发现则由全社会免费共享。因此,根据(8-7)式,私人部门的研发成本仅为科研人员的工资报酬,用 $w_H H_1$ 表示,其中 w_H 为科研人员工资。从事研发活动的收益为技术成果的销售收入,用 $P_{A_1} \dot{A}_1$ 表示,其中 P_{A_1} 为技术成果的价格,则研发部门的利润为: $P_{A_1} \dot{A}_1 - w_H H_1$。若政府对私人部门研发活动进行支持,则利润函数将会变化。假设政府对技术成果的销售给予一定比例的补贴 $sP_{A_1}\dot{A}_1$,其中 s 为补贴率。则在政府的支持下私人研发部门的利润为 $(1+s)P_{A_1}\dot{A}_1 - w_H H_1$。

市场均衡时令利润为 0,可得到私人研发部门的科研套利方程:

$$(1+s)P_{A_1}\dot{A}_1 = w_H H_1 \qquad (8-8)$$

根据 Romer(1990)的模型设定,为使整个经济体能够达到市场均衡,机器设备部门的垄断利润必须用于购买私人研发部门的技术成果。这样,机器设备生产的垄断利润抵消了私人研发部门的投入成本,均衡时整个经济体的利润为0。否则机器设备生产部门会有更多的厂商进入瓜分垄断利润,私人研发部门也没有动力进行研究。由此可得:

$$P_{A_1} = \int_t^{+\infty} \pi(s) \mathrm{e}^{-\int_t^s r(v)\mathrm{d}v} \mathrm{d}s \qquad (8-9)$$

对式(8-9)求导后,得到:

$$r = \frac{\pi}{P_{A_1}} + \frac{\dot{P}_{A_1}}{P_{A_1}} \qquad (8-10)$$

8.3.4 基础研究部门

基础研究部门主要从事基础科学知识的探索和发现,基础研究的新发现需投入已有基础科学知识,并雇佣科研人员。基础研究的新发现用 $\dot{A}_2$ 表示,从事基础研究的科研人员数量用 H_2 表示。基础研究部门的生产函数可表示为

$$\dot{A}_2 = \delta_2 H_2^{\omega} A_2^{\eta} \qquad (8-11)$$

式中,$\delta_2 > 0$ 表示基础研究新发现的成功概率。值得注意的是,相比一般性技术研发,基础研究具有更大的不确定性,因此基础研究新发现的成功概率要比一般性技术研发的成功概率小很多,即 $\delta_2 < \delta_1$;$0 < \omega < 1$ 表示基础研究部门的人力资本弹性系数,$0 < \eta < 1$ 表示已有基础科学知识对基础研究新发现的贡献率。基础研究部门为非营利部门,基础科学知识不能用于销售,政府承担了基础研究的全部开支,根据式(8-11),即为基础研究部门科研人员的工资 $w_H H_2$。

8.3.5 家庭

假设经济由连续同质的家庭构成,家庭的总测度为1,每个家庭只有1个个体且具有无限生命。家庭可以选择劳动、消费或休闲以实现自身效用最大化:

$$\max_{C,l} \int_0^{+\infty} \frac{\left[C_v(1-l)^{1-v}G^\zeta \right]^{1-\sigma} - 1}{1-\sigma} \mathrm{e}^{-\rho t}\mathrm{d}t \qquad (8-12)$$

式中,$0 < v < 1$;$\zeta > 0$;$(1-\sigma)(v+\zeta) < 1$;l 为劳动时间,则 $(1-l)$ 表示休闲;C 表示消费;G 表示政府消费性公共支出;v 和 ζ 描述了家庭对消费、休闲和消费型公共支出的偏好;$\sigma > 0$ 是消费跨期替代弹性的倒数,反映家庭风险偏好的参数;$\rho > 0$ 是主观贴现率。

创新驱动经济增长框架下的家庭预算约束方程为:

$$\dot{K} = rK + w_L L + w_H (H_1 + H_2) + \int_0^{A_1} \pi_i \mathrm{d}i - P_{A_1} \dot{A}_1 - C \qquad (8-13)$$

通过求解消费者优化问题,得到:

$$\frac{\dot{C}}{C} = \frac{r - \rho}{1 + (\sigma - 1)(\nu + \zeta)} \qquad (8-14)$$

8.3.6　政府

政府的作用是调节资源分配。假设政府财政收入来源于对最终产品征税的收入,财政支出用于承担全社会基础研究经费 $w_H H_2$、补贴私人研发部门 $sP_{A_1} \dot{A}_1$ 及消费性公共支出 G。

$$\tau Y = sP_{A_1} \dot{A}_1 + w_H H_2 + G \qquad (8-15)$$

式中,τ 为税率。假设消费性公共支出是总收入一个既定比例,记为 β,$0 < \beta < \tau$,则

$$G = \beta Y \qquad (8-16)$$

式(8-16)代入式(8-15),得到:

$$(\tau - \beta) Y = sP_{A_1} \dot{A}_1 + w_H H_2 \qquad (8-17)$$

式(8-17)的含义为:剔除消费性公共支出后用于基础研究和私人部门研发补贴的政府研发支出。假设其中 $0 < \varepsilon < 1$ 的份额用于基础研究,$0 < 1 - \varepsilon < 1$ 的份额用于补贴私人研发部门,则式(8-17)可改写为:

$$\varepsilon(\tau - \beta) Y = w_H H_2 \qquad (8-18)$$

$$(1 - \varepsilon)(\tau - \beta) Y = sP_{A_1} \dot{A}_1 \qquad (8-19)$$

8.4　模型求解与数值模拟

8.4.1　模型求解

在市场均衡条件下,最终产品生产部门选择非熟练劳动数量 L 与机器设备投入数量使自身利润最大化;机器设备生产部门选择生产机器设备数量 x_i 使自身利润最大化;私人研发部门选择雇佣科研人员数量 H_1 使自身利润最大化;基础研究部门雇佣科研人员 H_2 的支出由政府承担;家庭在预算约束前提下通过

选择消费 C 和劳动时间 l 使自身福利最大化;政府预算约束方程每期均衡。

最终产品市场出清: $Y = C + \dot{K}$

机器设备市场出清:最终产品生产部门对机器设备的需求量正好等于机器设备生产部门的供给量。

研发市场出清:技术成果的价格 P_{A_1} 正好等于机器设备生产部门垄断利润的贴现值。

劳动力市场出清: $l = L + H_1 + H_2$

资本市场出清:机器设备生产部门对资本的需求量正好等于家庭的资本供给量。

$K = \int_{x_i}^{A_1} \mathrm{d}i$,由于对称性, $x_i = x, i \in [0, A_1]$,则

$$K = A_1 x \qquad (8-20)$$

式(8-20)代入式(8-1),得到:

$$Y = (A_1 L)^\alpha K^{1-\alpha} \qquad (8-21)$$

式(8-20)、(8-21)代入式(8-2),得到:

$$w_L = \alpha(1-\tau)(Y/L) \qquad (8-22)$$

式(8-20)式、(8-21)式代入(8-5)式,得到:

$$r = (1-\tau)(1-\alpha)^2(Y/K) \qquad (8-23)$$

式(8-20)、(8-21)代入式(8-6),得到:

$$A_1 \pi = \alpha(1-\alpha)(1-\tau)Y \qquad (8-24)$$

另外,可以证明,在平衡增长路径(BGP)上,消费、产出、资本和一般技术研发以相同的速度增长, $\dfrac{\dot{C}}{C} = \dfrac{\dot{K}}{K} = \dfrac{\dot{A_1}}{A_1} = \dfrac{\dot{Y}}{Y} = g$ 。

由式(8-8)得到:

$$(1+s)P_{A_1} A_1 \frac{\dot{A_1}}{A_1} = w_H H_1 \qquad (8-25)$$

由式(8-10)和平衡增长路径的定义,得到 $\dot{P}_{A_1} = 0$,则式(8-10)变为 $r = \dfrac{\pi}{P_{A_1}}$,从而 $P_{A_1} = \dfrac{\pi}{r}$,代入式(8-25),得到 $(1+s)\dfrac{\pi A_1}{r} g = w_H H_1$,并结合式(8-24)得到:

$$\frac{(1+s)\alpha(1-\alpha)(1-\tau)Y}{r}=w_HH_1 \qquad (8-26)$$

式(8-26)除以式(8-18),得到:

$$\frac{(1+s)\alpha(1-\alpha)(1-\tau)g}{\varepsilon(\tau-\beta)r}=\frac{H_1}{H_2} \qquad (8-27)$$

根据式(8-7),每单位投入到技术研发的人力资本边际生产率为$\dfrac{\lambda\dot{A}_1}{H_1}$,每

单位基础科学知识投入的边际生产率为$\dfrac{\theta\dot{A}_1}{A_2}$;根据式(8-11),每单位投入到基

础研究的人力资本的边际生产率为$\dfrac{\omega\dot{A}_2}{H_2}$。市场均衡时,基础研究与技术研发的

边际生产率应该相等,即

$$\frac{\lambda\dot{A}_1}{H_1}=\frac{\omega\dot{A}_2}{H_2}\frac{\theta\dot{A}_1}{A_2} \qquad (8-28)$$

式(8-28)简单整理后:

$$\frac{\dot{A}_2}{A_2}=\frac{\lambda}{\omega\theta}\frac{H_2}{H_1} \qquad (8-29)$$

对式(8-7)等号两边除以A_1,得到$\dfrac{\dot{A}_1}{A_1}=\delta_1H_1^\lambda A_1^{\varphi-1}A_2^\theta$,等号两边取对数,并由

平衡增长路径的定义,可得$(1-\phi)\ln A_1=\theta\ln A_2$,等号两边对时间求导得到:$\dfrac{\dot{A}_2}{A_2}$

$=\dfrac{(1-\varphi)}{\theta}g$,结合式(8-29),得到:

$$\frac{H_1}{H_2}=\frac{\lambda}{\omega(1-\varphi)g} \qquad (8-30)$$

式(8-30)代入式(8-27),得到:

$$\frac{(1+s)\alpha(1-\alpha)(1-\tau)g}{\varepsilon(\tau-\beta)r}=\frac{\lambda}{\omega(1-\varphi)g} \qquad (8-31)$$

由式(8-19),结合式(8-10)、(8-24),得到:

$$\frac{s\alpha(1-\alpha)(1-\tau)Y}{r}g=(1-\varepsilon)(\tau-\beta)Y \qquad (8-32)$$

化简整理得到:

$$s = \frac{r(1-\varepsilon)(\tau-\beta)}{\alpha(1-\alpha)(1-\tau)}\frac{1}{g} \tag{8-33}$$

由式(8 - 14)，在平衡增长路径上，$\frac{\dot{C}}{C} = g = \frac{r-\rho}{1+(\sigma-1)(\nu+\zeta)}$，化简整理得到：

$$r = [1+(\sigma-1)(\nu+\zeta)]g + \rho \tag{8-34}$$

将式(8 - 33)、式(8 - 34)代入式(8 - 31)，化简整理得到：

$$\{\omega(1-\varphi)(1-\varepsilon)(\tau-\beta)[1+(\sigma-1)(\nu+\zeta)] + \alpha\omega(1-\varphi)(1-\alpha)(1-\tau)\}g^2 + \{\rho\omega(1-\varphi)(1-\varepsilon)(\tau-\beta) - \lambda\varepsilon(\tau-\beta)[1+(\sigma-1)(\nu+\zeta)]\}g - \rho\lambda\varepsilon(\tau-\beta) = 0$$

根据上式，我们可以考察政府基础研究对经济增长的影响。因方程复杂且没有解析解，本书利用 MATLAB 数值模拟求解以上问题。

8.4.2　数值模拟

本章在一个基准经济下进行分析，借鉴 Lucas(1990)设定消费跨期替代弹性的倒数为 2，主观贴现率 ρ 为 0.02。借鉴严成樑(2009)设定劳动力产出的弹性系数 α 为 0.3，家庭对消费偏好的指数 ν 为 0.276，家庭对消费性公共支出偏好的指数 ζ 为 0.3。借鉴 Jones(1995)设定私人研究部门和基础研究部门的人力资本弹性系数 λ 和 ω 为 0.5，借鉴 Prettner 和 Werner(2014)设定已有技术成果对私人部门技术研发成功率的影响 φ 为 0.2。

政府基础研究与经济增长的关系如图 8 - 5 所示。其中横轴表示政府基础研究支出占政府研发总支出的比例 ε，纵轴表示经济增长率 g。可以看出，当税率和政府消费性公共支出固定时，增加政府基础研究支出比例将提高经济增长率。对这一结论的经济解释是：首先，政府基础研究支出比例增加时，基础研究部门则会有更多的资金雇佣更多的科研人员用于基础研究，这有助于提升基础研究部门生产率，使基础研究的新发现增多；其次，私人部门的技术研发依赖于基础研究，基础研究新发现增多有助于提升私人研发部门生产率，使技术研发的新成果增多；再次，技术成果是生产机器设备的必要投入，技术成果增多有助于提升机器设备生产部门生产率，加快机器设备的更新速度，从而有助于提升最终产品的生产率，最终体现在平衡增长路径上经济增长率的提升。

此外，当政府基础研究支出比例增加时，政府对私人研发部门的补贴支出比例则减少,那么,私人研发部门补贴减少是否会不利于经济增长呢? 从表 8 - 2 可以看出,政府基础研究支出比例 ε 增加时,用于私人研发部门补贴的支出比例 $(1-\varepsilon)$ 减少,私人研发部门技术成果销售补贴率 s 也将变小。例如当政府研发支出的 10% 用于基础研究时,剩下的 90% 则用于补贴私人研发部门。由于私人研发部门经费主要由自身承担,政府只是对私人研发部门技术成果的销售给予一定比例的补贴,根据式(8-33)计算,最终私人部门获得的补贴率 s 为 87.1% 。当政府对私人研发部门补贴的支出比例 $(1-\varepsilon)$ 由 90% 降至 80% (降幅为 10%)时,私人研发部门获得的补贴率由 87.1% 降至 70.9% (降幅为 16.2%);当政府对私人研发部门补贴的支出比例 $(1-\varepsilon)$ 由 80% 降至 70% (降幅同为 10%)时,私人研发部门获得的补贴率由 70.9% 降至 60.0% (降幅为 10.9%)。以此类推,政府私人研发部门补贴支出同比例下降时,私人研发部门技术成果销售补贴率虽在下降,但下降的幅度是逐渐减缓的。对此的经济解释是:私人研发部门会根据政府研发补贴的变化而调整自身的研发支出。当政府用于私人研发部门补贴的资金减少时,私人研发部门出于最大化自身利益考虑,仍需维持必要的研发支出,此时只能通过增加自身研发支出实现。相反,当政府用于私人研发部门补贴的资金增加时,私人研发部门资金已足够覆盖最大化自身利益的研发活动时,则会减少自身研发支出。可见,政府补贴对私人部门研发支出具有挤出效应。由于挤出效应,私人研发部门会增加自身研发支出以保证自身利益最大化,那么,政府私人研发部门补贴支出比例的减少就不会造成私人研发部门生产率的下降,也就不会抑制经济增长。由此可以得出,政府基础研究支出比例增加时,政府私人研发部门补贴支出比例虽减少,但综合来看仍有助于经济增长。

表 8 - 2　政府基础研究支出和私人研发部门补贴变化 $[\tau = 0.3, \beta = (3/4)\tau]$ 　(单位:%)

政府基础研究支出比例	10	20	30	40	50	60	70	80	90
政府私人研发部门补贴支出比例 $(1-\varepsilon)$	90	80	70	60	50	40	30	20	10
私人研发部门技术成果销售补贴率 s	87.1	70.9	60.0	50.5	41.7	33.1	24.7	16.4	8.2
私人研发部门技术成果销售补贴率降幅	16.2	10.9	9.5	8.9	8.6	8.4	8.3	8.2	

从图 8-5 还可以看出,当政府消费性公共支出比例增加时(β 分别取 $\frac{1}{2}\tau$、$\frac{2}{3}\tau$、$\frac{3}{4}\tau$),政府研发支出比例($\tau-\beta$)将减少,使政府基础研究支出和私人研发部门补贴支出都将减少,这会造成基础研究部门科研人员的绝对流失,进一步造成基础研究部门和私人研发部门生产率下降,从而造成技术开发成果减少,机器设备更新变慢,最终产品生产率下降,最终导致经济增长率的下降(表现为图 8-5 中的曲线向下移动)。由此可以得出,政府消费性公共支出会挤出政府基础研究支出,抑制政府基础研究对经济增长的推动作用。

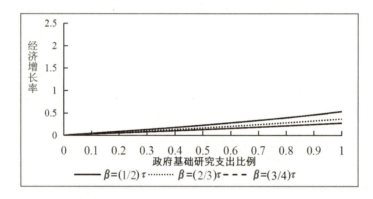

图 8-5 政府基础研究支出比例对经济增长的影响($\tau=0.1$ 时)

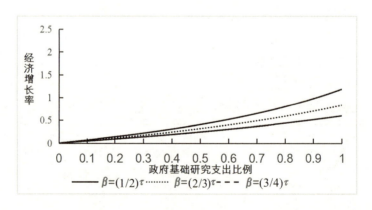

图 8-6 政府基础研究支出比例对经济增长的影响($\tau=0.2$ 时)

根据现行的税制结构特征,不失一般性,本章分别令 τ 取 0.1、0.2、0.3 时,来考察不同税率条件下政府基础研究对经济增长的影响是否一致(图 8-7)。可以发现,不同税率下,政府基础研究对经济增长的影响都是正向的,政府消费性公共支出增加会抑制政府基础研究的经济增长效应。另外,假设固定税率用于消费性支出的比例β,当税率τ由0.1增加到0.3时,政府用于研发资金的比例$\tau-\beta$将增加,则政府基础研究支出和政府私人研发部门补贴都将增加,这使得基础研究部门可以雇佣更多的科研人员,从而使基础研究部门和私人研发部门的生产率都将提高,则会有更多新品种的机器设备用于最终产品生产,最终导致经济增长率的提升(表现为图8-7的曲线向上移动)。即当政府征税是为研发支出融资时,征税会加强政府基础研究的增长效应。

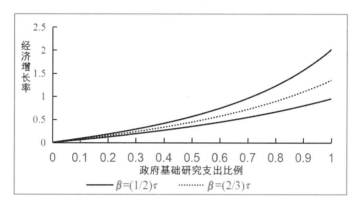

图8-7 政府基础研究支出比例对经济增长的影响($\tau=0.3$时)

8.4.3 稳健性检验

为考察政府基础研究支出对经济增长的影响是否稳定,对模型进行稳健性检验。当改变某个或某几个参数的取值后,考察数值模拟结果是否与基准参数取值下的结果保持一致。若一致,说明政府基础研究支出对经济增长的影响是稳健的,这种影响不随参数取值的变化而变化;否则,说明这种影响是不稳健的,不能作为一般性结论。本章随机给出4组不同参数取值(表8-3),数值模拟的结果见图8-8。可以发现,当参数取值改变时,政府基础研究支出比例对经济增长的影响程度有所改变,但影响的方向都是正向的,即提高政府基础研究支出比例会推动经济增长。这与上文描述的结论一致,说明政府基础研究对经济增长的影响是一致且稳健的,至少没有足够证据支持提高政府基础研究支出比例会扭转对经济增长的正向影响甚至产生负向影响。退一步说,尽管政府基础研究对经济增长的影响在量上仍需实证支持,本章通过理论研究证实了政府基础研究对经济增长存在质(正向)的影响。因此可以得出一般性结论:增加政府基础研究支出能够推动经济增长。

表 8 - 3　不同情况下的参数取值

	α	λ	ω	φ	ρ	σ	ν	ζ
情景 1	0.65	0.3	0.2	0.5	0.03	2	0.276	0.3
情景 2	0.9	0.2	0.1	0.7	0.03	2	0.276	0.3
情景 3	0.02	0.8	0.7	0.1	0.03	2	0.276	0.3
情景 4	0.5	0.4	0.6	0.9	0.03	2	0.276	0.3

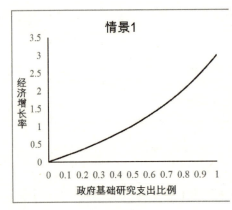
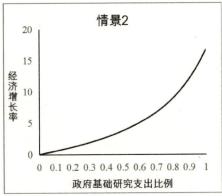
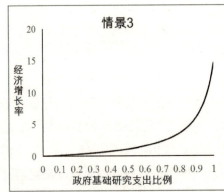
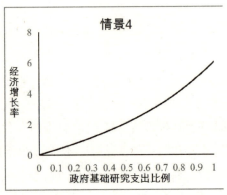

图 8 - 8　稳健性检验

8.5　结论及政策建议

本章选择在 Romer(1990)和 Jones(1995)创新驱动增长模型的基础上进行

扩展研究,一是将研发部门扩展为基础研究部门和私人研发部门,二是将政府研发支出细分为基础研究支出、私人研发部门补贴和消费性公共支出,三是将劳动力细分为非熟练工人和科研人员且两者不可替代。在扩展后的模型中通过数理模型推导求解一般均衡发现:(1)增加政府基础研究支出比例会推动经济增长;(2)政府补贴对私人部门研发支出具有挤出效应;(3)政府消费性公共支出会抑制政府基础研究对经济增长的推动作用;(4)选择税率分别为 10%、20% 和 30% 的数值模拟结果也印证了这一结论。根据以上研究结论,本章为改进政府研发政策提出以下建议:

第一,优化财政科技支出结构。在企业、地方政府基础研究支出严重不足的情况下,中央政府在支持基础研究方面仍需发挥主体作用。现阶段我国中央政府用于基础研究的资金不足 20%,这一比例与世界科技先进的国家差距较大。因此未来应逐步提高中央财政科技支出用于基础研究支出的比例,尽快与发达国家基础研究支出保持一致。对于地方政府,目前地方财政科技支出用于基础研究的比例非常小,未来应大幅提高地方财政对基础研究支出的比例,形成中央和地方支持基础研究发展的联动机制。需注意的是,地方基础研究和国家基础研究的定位应有所区别,地方应遵循国家关于基础研究的总体部署的同时围绕地方发展的实际需要,发挥地方在资源、产业等方面的优势,确定基础研究的发展方向。

第二,兼顾基础研究发展的优先和全面。一方面,要着重加强基础性、前瞻性科学研究的支持力度,优先发展符合国家重大战略方向的基础研究领域,引导基础研究更好地为国家目标服务。另一方面,要全面加强对自由探索类基础研究的支持力度,吸引更多科研人员参与基础研究,提升科研人员原始创新与创造能力,建设一流的基础研究人才队伍。

第三,多渠道支持基础研究。加强政府对高等学校、科研机构基础研究的经费投入力度,加强中央五类财政科技计划(专项、基金),特别是国家自然科学基金对基础研究的资助力度,积极引导和鼓励企业和社会力量对基础研究支出,促进高校、科研院所与企业开展基础研究领域的产学研协同创新,形成全方位、多层次、多渠道的支持格局,为我国建成创新型国家、实现创新驱动发展提供知识基础和人才支撑(卫平等,2013)。

第四,适当减少政府一般性研发补贴。由于创新具有外部性且投入大、风险高,在新技术发展初期,企业研发活动确实需要政府补贴政策的支持。但当市场发育趋于成熟,技术趋于稳定,企业规模和盈利能力足以支持研发活动时,政府若继续实行补贴政策,就可能造成企业利用政府资金替代了自身研发资金,产生挤出效应。同时,由于政府与企业之间的信息不对称,补贴还可能产生逆向选择行为(如新能源汽车"骗补"现象),导致市场机制被扭曲,企业创新积极性被抑制。因此,对于一般性、竞争性研发项目,政府应适当弱化甚至取消研发补贴政策,交由市场机制决定创新资源分配和企业优胜劣汰。这样政府将有更多的资金用于支持前沿基础研究和行业共性关键技术研发,而这些都属于竞争前领域,不能完全由市场推动,因此更需要政府的支持。

第四篇
总结与对策

>>>

第9章

中国高质量供给体系:技术动因、制约因素与实现途径

受益于高性能计算机的普及和新一代信息与通信设备的推广,技术进步加速物化于有形资本品,显著改善了要素供给质量。与中性技术相比,资本体现式技术对全要素生产率增长的作用突显。本章针对全球价值链的低端锁定、关键技术标准制定缺位、知识产权制度薄弱和设备质量监测体系滞后等制约因素,指出提升中国供给体系质量,实现供需动态匹配不仅应增强关键技术识别和产业融合,促进创新要素有序流动,更要加强关键技术标准的制定和政策协同,完善知识产权保护和设备质量监测,从而提升投资效率,将经济增长的动力从主要依靠要素投入驱动转向依靠创新研发驱动,发挥资本和技术的耦合效应。

改革开放四十年来,中国经济实现了中高速发展。不过,随着国际贸易保护主义抬头、世界经济增速放缓引起外部需求回落,自主研发能力不强、关键领域核心技术研发储备不足①导致产品供需结构错配、资本边际效率下降,经济面临较大的下行压力。如何提升供给体系质量,进而化解有效供给不足和无效产能并存的矛盾,成为新时代满足人民日益增长的美好生活需要、实现供需动态

---

① 根据 WDI 数据库和《中国科技统计年鉴 2018》,2016 年美国、日本、德国和韩国研究与开发经费支出占 GDP 比重分别为:2.74%、3.14%、2.93%和 4.23%。横向比较,2016 年中国研究与开发经费支出占 GDP 的比重仅为 2.11%。

匹配亟须探讨的课题。这对诠释"生产率悖论(productivity paradox)"①具有重要的理论意义,也对中国平稳渡过"三期叠加"阶段,跻身创新型国家前列具有丰富的实践价值。

高质量发展是供给与需求高匹配的发展,也是资源和要素高效率利用的发展。长期以来,稳定投资被视为稳定中国经济发展的重要引擎。然而,2008 年国际金融危机以来,资本回报率经历 2010—2011 年的小幅反弹后持续走低(白重恩和张琼,2014),固定资产投资增速逐步回落。在国际市场环境和国内资源禀赋条件发生深刻变化的新阶段,提高资本积累效率尤其是推动物化于资本品中的技术进步对优化投资结构和产业结构,改善要素供给质量,夯实经济增长动力的重要性突显。事实上,资本存量的变化不仅取决于当期投资规模和折旧率,还受到资本品中蕴含的技术因素变化的影响。资本质量提高往往伴随着先进设备投资步伐的加快,而且与建筑业资本相比,设备资本品因融合更多的新技术而呈现出显著的异质性(Hulten,1992)。因此,着力改善设备资本质量,加快推动资本体现式技术进步(capital - embodied technical change),进而带动从研发、生产到交换、消费各个环节的效率变革、动力变革,成为突破供给体系质量瓶颈,实现国民经济高质量发展、夯实增长潜力的关键。

9.1　高质量供给体系的技术动因及其演进

9.1.1　高质量供给体系的技术动因

科技创新改善了要素供给质量,并经过产业化促进生产率的提升,推动供给体系的变革。Solow(1957)较早提出了体现式技术进步的概念,并将其引入总量生产函数之中。Felipe(1997)进一步将技术进步划分为体现式和非体现式两类,并指出供给质量主要取决于体现式技术进步(embodied technical change)或要素偏向型技术进步。不过,以往研究较多关注技术进步方向对收入分配份额的影响,忽视了偏向型技术进步对全要素生产率的影响(Antonelli & Quataro,2010)。随着 20 世纪 80 年代末至 90 年代初期,计算机、软件和通信产业

---

① 亦称"索洛生产率之谜"。罗伯特·索洛在 *New York Times Book Review* 1987 年 7 月 12 日发表的"We'd Better Watch Out"一文中首次提出"You can see the computer age everywhere but in the productivity statistics"。

的迅猛发展,一些发达国家呈现经济高增长、资本高积累景象,但是,其全要素生产率或劳动生产率并未保持同步增长,反而呈现倒 U 型变化,甚至不断下降,出现"生产率悖论"。究其根源,并非因为广泛应用新技术产业的产出本身难以测量,而主要是由于全要素生产率或希克斯中性技术进步假定不同时期资本品是同质的,且通过投资源源不断地加入资本存量中,忽视了最新技术进步成果物化于设备资本所引起的资本品异质性,导致全要素生产率的估算无法完全涵盖技术进步的全部,尤其无法有效捕捉新设备品中蕴含的前沿技术的贡献。

事实上,即使生产中加入新设备的成本随时间没有太大变化,其生产率也会显著提高。经济增长中物质资本积累与技术进步并非是两个独立的过程,技术进步通常需要借助机器设备等有形载体进入生产过程,即物质资本积累尤其是新设备投资中蕴含着资本体现式技术进步。这类技术进步主要利用内含的最新设备特别是信息智能设备,加快技术进步速率,进而通过资本和技术进步耦合的方式提高生产率,促进产出增长(Greenwood et al.,1997)。随着大数据、人工智能、云计算、区块链等产业生态体系崛起,资本和劳动相对投入演变对不同产业技术进步路径的决定作用突显,各产业生产率此消彼长的结果最终反映到总体生产率增速的变化。而且,技术进步偏向与要素禀赋的一致程度对全要素生产率的提升越来越重要。可以预见,在"人口红利"消逝、贸易摩擦频现、要素相对价格持续调整的背景下,基于资本体现式技术进步的经济驱动机制研究为探索新时代供给体系质量变革开启一个崭新的视角。

9.1.2 体现式技术进步的演进特征

标准的新古典模型中,柯布 – 道格拉斯 – 卡尔多范式假定要素份额不变且每单位最终产出购买的资本数量随时间保持不变。据此,以往研究常将技术进步视为中性的生产率冲击,得出中性技术进步对经济周期解释力较高的结论。然而,这是以产出在不同用途之间相对价格固定作为前提的。无论是二战后的美国经济,还是改革开放后中国经济的特征事实均表明这一假设并不适用。随着时间推移,资本品的相对价格往往是下降的,同样多的最终产品可以购买更多的资本品。尤其是步入 21 世纪以来,受益于高性能计算机的普及和新一代信息与通信设备的推广,技术进步越来越物化于有形资本品中,提升资本质量,大幅降低了资本品的价格,促进设备投资持续增长。2000—2018 年,中国设备资本品的相对价格年均下降 1.8%,与此同时,新设备投资占 GDP 的比重逐步上升至 67.7%(图 9 – 1)。虽然市场竞争、技术转移、产品替代、自主创新以及政策激励等均是影响设备资本价格短期变化的因素,但是,长期来看设备资本相对价格与其投资占比"一降一升"的典型特征意味着资本品价格持续下降主要缘于资本体现式技术进步的推动。

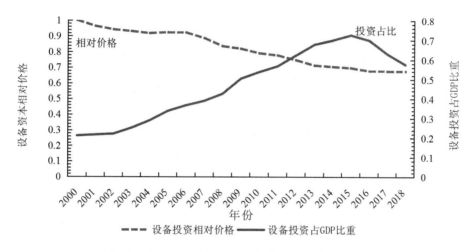

图 9 – 1　中国设备资本相对价格、设备投资占 GDP 比重

加入 WTO 后,伴随全球产业链的转移,中国跃居世界第一贸易大国和第二大外资流入国,"中国制造"实现快速发展。这既有人力资本积累持续改善的积极作用,也得益于正向的技术冲击显著降低了投资品转化成消费品的斜率,即资本质量的稳步提高促使生产投资品的平均成本相对于生产消费品的平均成本降低,从而每单位投资融入经济中的资本品数量增多。统计分析显示,与一些发达经济体相似,[①]中国设备资本投资波动与设备资本品价格也存在较强的负相关(相关系数为 – 0.75),并在 2003—2004 年、2005—2006 年、2008—2010 年、2011—2013 年以及 2016—2018 年等时段均呈现负向协同变化特征(图 9 – 2)。而且,基于 Kmenta 近似技术测算的资本偏向型技术进步能解释中国现阶段工业大部分的全要素生产率增长(李小平和李小克,2018)。这进一步表明与中性技术进步相比,正是资本体现式技术进步更大程度地影响着新设备的生产和资本深化水平,进而决定着供给体系的内在质量。

---

① 根据 Greenwood 等(2000)的测算,1950—1990 年美国剔除趋势项后的设备投资与设备价格之间存在负相关,相关系数为 – 0.46。

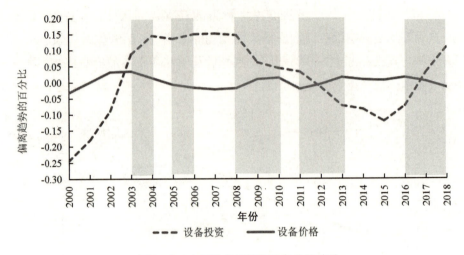

图9-2 中国设备投资和设备价格波动

注:虚线和实线分别表示采用 HP 滤波剔除趋势项后,设备资本投资额和设备资本品价格偏离各自趋势线的百分比。

9.2 提升供给体系质量的制约因素

一些行业周期性的产能过剩降低了要素供给效率,一些地区技术进步的偏向性与要素禀赋不一致加剧供需结构失衡。在经济全球化与逆全球化并行的国际格局下,提升中国供给体系质量主要面临以下四个方面的制约。

9.2.1 全球价值链的低端锁定风险

全球价值链中附加值较高的环节长期被发达经济体把持,随着新一轮技术革命的不断深化,消费需求升级、生产方式和分工方式的快速变革倒逼中国产业向全球价值链中高端迈进。然而,与世界制造业强国相比,中国制造业增加值率、利润率偏低,"大而不强""全而不优"的问题突出,尤其在半导体技术、数字芯片、工业软件、高端数控机床等关键领域,不仅囿于核心技术缺失的尴尬境地,而且尚未摆脱对国外技术的高度依赖。嵌入全球价值链固然有利于企业以低成本获得高质量和高技术的进口中间投入,实现产品升级甚至工艺升级,但也会在一定程度上显著抑制研发创新行为,导致企业缺少自主创新的动力与能力,难以实现功能升级和链条升级,从而形成对全球价值链的过度依赖(Tajoli

& Felice,2018)。其深层次的原因在于本土企业研发投入偏低,人力资本水平和技术吸收再创新的能力不足,无法充分获取全球价值链的技术外溢,加之发达经济体对以中国为代表的发展中国家在价值链升级过程中的"俘获效应"(Humphrey & Schmitz,2002),加剧了被发达国家和跨国公司掣肘于全球价值链低端的风险。

9.2.2 关键技术标准制定的缺位

技术标准作为规范产品的市场准入门槛,不仅能便利国际贸易、优化产业结构,还在推动企业研发、创新,促进产品质量、工艺水平提升等方面发挥着重要作用。全球领先的高技术企业为掌控产业话语权的垄断优势,都在主导或积极参与所在领域的技术标准制定。国家创新能力的竞争也越来越表现为企业将新研发成果转化为业内技术标准能力的竞争。近年来,中国提出制定的国际标准虽然在数量上有所增加,但从整体来看,在国际标准化组织(ISO)和国际电工委员会(IEC)正式发布的国际标准占比仅为1.58%,[1]质量技术基础与国际先进水平还存在较大差距。同时,国内技术标准建设中的交叉重复、滞后老化等现象仍广泛存在,既不利于统一市场体系的建设,也难以满足节能降耗、电子商务、商贸物流等产业快速发展的需求。而且,由于技术标准建设滞后和监管执法尺度不一,使得"中国标准"在国际上认可度不高。"无线局域网标准之争""5G标准之争""中兴禁运事件"给国内高技术企业敲响了警钟,关键技术标准制定方面缺位已成为供应链升级的短板和企业国际化的绊脚石。

9.2.3 知识产权制度薄弱的掣肘

知识产权保护水平已成为国际竞争和国际规则制定的主要规范对象,影响跨国公司海外生产和技术转移的组织模式,对于激发企业创新活力举足轻重。完善的专利制度和必要的知识产权保护有助于加大企业的研发投入,降低创新成果的溢出效应,加速创新成果转化,甚至对中国吸引外资的规模和行业结构也有促进和改善作用。与西方发达国家相比,中国的专利制度和知识产权保护的相关立法起步较晚,根据《2018年国际知识产权指数报告》,中国位居50个

[1] 《质监总局局长支树平:我国产品国标标准采标率超过80%》,中国政府网:http://www.gov.cn/xinwen/2018-03/09/content_5272619.htm,访问日期:2019年6月30日。

经济体的第25位,较2017年上升2位,但是在知识产权执法、知识产权商业化、市场准入等分项指标方面仍比较靠后。尤其是专利保护水平区域发展不均,保护的"量"和"质"不统一,配套制度和法律法规不完善,破坏了原始创新动力,导致初始技术生产者倾向于保留技术秘密,延缓创新信息流动,加剧技术失传风险。从申请角度看,目前实用新型专利和外观设计专利数量快速增长,体现相对较高创新水平的发明专利数量却没有显著增加。较为宽松的审批程序和一些地方的资助、补贴或奖励政策"重申请,轻维持",对企业专利质量甚至存在显著的负面作用。因专利持有人停止支付维护费用而导致的发明、实用新型和外观设计三类专利的流失率分别高达37%、61%和91%,①远高于美国、日本等发达经济体。

9.2.4 设备质量监测体系的滞后

欧美发达经济体对设备质量监测开展较早,目前对资本体现式技术进步的测算主要包括:不变质量价格指数法、生产函数估计法和核心机器法等三种方式(表9-1)。其中,Gordon(1990)最早利用耐用品价格环比数值来反映资本投入品的质量变化,并构建了105种耐用品的不变质量价格指数,修正了因质量变化导致的设备价格指数误差。Hulten(1992)使用这一指数识别了蕴含在设备品中的资本体现式技术进步,发现美国20%的全要素生产率增长是资本体现式技术进步作用的结果。Greenwood等(1997)则建议用行业增加值代替产值,并采用动态一般均衡的框架来解释体现式技术进步引致的投入要素增长;Cummins和Violante(2002)进一步将不变质量价格指数测算区间从1947—1983年扩展至1984—2002年,强调包含资本质量变化的真实投资支出的贡献被低估。不过,由于Gordon构建的价格指数对商品分类和耐用品价格统计的依赖性较强,Sakellaris和Wilson(2004)认为生产者耐用品价格指数不足以反映更大范围的资本质量变化,主张从年份资本理论的视角考察设备资本积累过程。Szirmai等(2002)根据不同类别机器蕴含的不同技术特征将技术进步分解成两类效应后,发现印度尼西亚纺纱业生产率增长主要来源于技术提高效应(advance effect),而纺织业生产率增长主要来自技术转移效应(shift effect)。

---

① "China Claims More Patents Than Any Country – Most Are Worthless",彭博社:https://www.bloomberg.com/news/articles/2018 – 09 – 26/,访问日期:2019年10月3日。

表 9 - 1　资本体现式技术进步测算比较

方法	简介	代表文献	主要特点
基于不变价格指数的估计	利用不同设备资本品与居民消费价格指数构建不变价格指数,用该指数调整 GDP,然后根据经济增长核算方程,将生产率的增长分解为资本投入与技术进步两部分,以此测量资本体现式技术进步	Gordon(1990);Hulten(1992);Greenwood 等(1997)	从设备资本品价格的时序变化来表征资本质量的变化;对商品分类要求较高,各行业数据全面且能具体到各类设备的性能和质量变化属性
基于生产函数的估计	将资本存量划分为建筑和设备两类,建筑资本按永续盘存法积累,设备资本是以往实际设备投资参数化后的流量,利用机器设备有效质量的变化来表征设备资本的体现式技术进步水平	Bahk & Gort(1993);Sakellaris & Wilson(2004);Boucekkine 等(2002)	基于厂商层面的要素投入、投资决策、产出以及设备投资折旧等,构建并估计生产函数,考察设备资本质量的变化
基于核心机器(core - machinery)法的估计	将技术进步分解为由渐进式创新引发的技术提高效应、由新机器投资使得总机器中不同类型机器构成比例变化以及机器整体技术总水平变化所引起的技术转移效应(即资本体现式技术进步)	Szirmai 等(2002)	采用机器相关性能和机械类型的普及程度等工程信息来构建设备资本存量调整指数;不依赖于价格信息

　　国内现有研究主要采用设备投资、发明专利等指标或不同类型资本品价格之比作为质量因子(黄先海和刘毅群,2008;宋东林等,2011),间接测算资本体现式技术进步及其对经济增长的贡献。虽然基于不变价格指数的估计和生产函数相结合能计算出资本质量指数,但是为了捕捉到蕴含于先进设备中的资本

体现式技术进步,需要考察价格指数对资本体现式技术进步的表征程度。遗憾的是现有统计数据在这方面仍为空白,尤其是对高档装备仪器、高端专用芯片以及关键基础材料等高技术制造业产品性能和质量属性变化的调查、监测匮乏。

9.3　提升供给体系质量的主要途径

作为最大的发展中国家,中国区域发展十分不平衡,既面临着以人工智能为代表的新一代信息技术带来的机遇,又面临着发达国家"再工业化"战略和其他发展中国家深度参与国际分工的"双向挤压"。提升供给体系质量有赖于技术创新、管理创新和制度创新齐头并进,进而推动产学研各环节的结构优化和效率提升。具体来说,高质量供给体系的实现途径可从以下四个层面着手。

9.3.1　增强关键技术识别和产业融合,促进要素有序流动

目前,依靠引进技术设备、人才等方式以孵化和催生高新技术实现技术升级的空间收窄。因此,要加大基础科学源头创新供给,挖掘国内外最新科技论文和专利的语义信息,增强关键核心技术早期识别研究,完善技术创新生态,推动由主要依靠资源型要素升级转向依靠技术、知识、人才等创新要素升级,构筑以技术创新为核心驱动力的经济发展模式,加快生产流程、管理模式和商业模式再造,以及信息化、工业化的深度融合和产业链协同。各地既要以比较优势为导向,延长国内价值链,扩大对外开放领域和层次,与"一带一路"沿线国家开展双边或多边产能合作、科技合作,搭建更为高效的科技创新平台,更要引导不同区域和不同所有制企业之间要素有序流动,鼓励研究型大学、科研机构与企业共建产学研协同创新平台,重构有利于"关键核心技术突破"的组织模式和治理机制,有效衔接科技创新和产业创新,及时总结核心技术突破的"中国路径"。

9.3.2　加强关键技术标准制定和政策协同,发挥资本投入的体现式效应

针对关键技术标准缺位导致高端产品的质量和可靠性难以得到认可的窘境,一方面,要加快高端装备、精密仪器、人工智能以及信息安全等领域的技术标准制定,适时提高行业的质量标准、技术标准。同时,还要加强质量评价和监

管体系的制度建设,建立与国家安全、生态环境、使用寿命等强制性标准关联的动态调整机制,统筹推进标准修订与政策协同创新,逐步构建以中国拥有的高端技术(如5G、量子通信、高速铁路等)为主的全球价值链,推动拥有自主知识产权和核心技术的优势产业"走出去"。另一方面,要完善研发费用加计扣除、固定资产加速折旧等税收优惠政策,加快推进"卡脖子"领域的资本深化,鼓励对蕴含最新技术设备的资本性支出,持续改进制造业的工艺水平和设备质量,提高资本的边际效率,从而增强企业在国际垂直分工中的比较优势,优化产能利用率和投资结构,缓解资源环境约束和价值链"俘获效应"给经济转型发展带来的压力,发挥资本投入的体现式效应。

9.3.3　创新要素激励机制和科研管理制度,健全知识产权保护体系

针对新一代信息、新能源、新材料和生物医药等领域进入壁垒较高、研发投入周期长的特点,既要创新要素激励机制,鼓励科技创新企业利用好多层次资本市场,主动对接各类资本,完善具有针对性的信息披露制度,也要加快人事制度、薪酬制度改革,不断优化科研项目管理、经费管理和科研仪器设备耗材采购管理制度,落实法人单位和科研人员的经费使用自主权。同时,健全知识产权保护体系,加快著作权法、专利法等相关法律修订工作,适时在专利案件审理中探索引入产业政策杠杆,完善适应知识产权案件的证据规则,建立适合中国国情的技术事实查明和审判辅助机制,强化专利密集型产业的司法与行政保护,使得企业和个人的创新权益切实得到保障。与此同时,相关机构要重视行政授权及确权、司法保护和行政执法,针对行政执法和司法保护中存在的问题不断改革,优化授权确权的程序,缩短审批时间,规范依法行政行为,持续释放政策红利。

9.3.4　完善先进制造业设备质量监测,夯实高质量供给的评价体系

一般而言,资本资产随着时间融入了更好的技术和性能,这在先进制造业(如交通运输、电子信息、通信、仪器仪表等)体现得尤为突出。因此,为了及时把握中国制造业装备水平和转型升级趋势,相关主管部门和行业协会要抓紧开展重要领域设备性能和质量属性的监测,以便将资本资产的价格针对其质量进行适当调整,即采用资产质量不随时间变化的价格来度量资本积累过程。一方面,可借鉴发达经济体在生产者价格指数(PPI)计算中常用的特征价格(Hedonic Price)法,分离并测算具有经济意义的产品特征对设备价格的影响。[1]并且,在相对价格计算中,引入质量调整的价值(value of quality adjustment, VQA),以降低名义相对价格估算的向上偏误。[2]另一方面,针对省级层面建筑材料工业品和设备工业品(如通用设备制造业、专用设备制造业、电气机械和器材制造业、计算机、通信和其他电子设备制造业等)出厂价格指数和投资信息的缺失,完善国民收入和产品账户调查统计,以便根据行业增加值占比,构建完整的设备品价格指数,作为恒定质量(constant-quality)价格指数编制依据。最后,鉴于中性技术进步对经济增长贡献率的下降,适时将设备资本投资中蕴含的体现式技术进步水平纳入高质量供给的指标评价体系,以明晰经质量调整后的设备投资对产业转型升级的作用。

---

① 例如,计算机价格可被分解成诸如处理器速度、硬盘容量、内存数量等其他影响整机价格的决定性特征。

② 质量调整后的相对价格 = $(p_i^t - VQA)/p_i^0$,其中 p_i^t 和 p_i^0 分别表示产品 i 在 t 期和基期的价格。VQA 是对两期之间价格变化中纯粹由质量变化引起部分的估计。

第10章

结论与建议

10.1 结论

本书围绕总研究目标,从潜在经济增长率测算、经济增长要素分析两条主线展开研究,获得的主要结论如下:

第一,考虑到不同时期资本利用水平的差异,以及不同类别资本蕴含的生产率变化的异质性,将产能利用率、设备资本、建筑资本引入时变要素产出弹性的状态空间模型,对中国潜在产出的研究发现:(1)随着去产能措施的持续推进,设备资本产出弹性企稳回升,物质资本与有效劳动产出弹性逆转的趋势有所缓和;2010 年以来,受全要素生产率增速放缓、人口老龄化程度加大等结构性因素影响,潜在经济增速走低,产出缺口显著下降。(2)未来十年中国经济仍将面临较大的下行压力,潜在经济增长率将呈现稳中趋缓走势。乐观、中性和悲观情景下,①平均潜在增长率 2019—2020 年分别为 6.7%、6.1% 和 5.7%,2021—2025 年分别为 6.4%、5.9% 和 5.3%,2026—2030 年分别为 6.1%、5.4% 和 4.7%。

第二,在经济周期与金融周期交织的背景下,将以 M2 为代表的金融因素引入传统的三变量(通胀率、实际国内生产总值和失业率)SVAR 模型,重新估计了中国季度产出缺口,并结合长期约束,对产出增长重新进行分解,进而依据 Camba – Mendez 和 Rodriguez – Palenzuela(2003)在估计 11 个欧盟国家和美国

---

① 乐观情景代表中国经济由高速增长阶段向高质量发展阶段的转型十分顺利;中性情景代表经济转型升级较为顺利,但也遭遇到一些内外部阻力;悲观情景代表内外部经济、社会挑战严峻,转型升级受阻。具体说明详见 4.5 节。

产出缺口时提出的 3 项标准,对产出缺口予以评价。研究发现:(1)1995 年以来中国经济经历了 4 个周期。2011 年第 1 季度起,波动趋于平稳化,符合"大稳健"的特征。(2)放松 SVAR 模型的紧约束条件,在 TVP – SVAR – SV 模型中采用马尔科夫链蒙特卡洛(MCMC)方法观察到 1996 年之前,通货膨胀的"托宾效应"短暂存在。不过,2003 年之后"逆托宾效应"显现,通货膨胀冲击对产出的负向作用加深;国际金融危机后,宽松货币政策的产出效应降低,响应周期缩短。

第三,基于扩展的 MRW 模型,测算实际产出与最优产出之间的缺口以及矫正要素投入扭曲的再配置效应。研究发现:(1)三次产业内物质资本和人力资本错配导致的产出损失率分别以 1999 年、2000 年和 1995 年为拐点,后一阶段较前一阶段均有所下降。各产业中两类资本配置扭曲程度得以缓和,其中第三产业的改善尤为明显。(2)若其他要素投入趋势不变,三次产业内两类资本投入按最优比例调整,产出损失率有望分别减少 78.41%、76.18% 和 67.82%。

第四,针对资本利用、劳动报酬、基础研究等制约中国经济中长期增长潜力的重点难点问题,进一步的研究发现:(1)通过技术进步提高中国的资本利用率水平,可在实现稳定增长的同时,降低资本产出比,改善经济结构。(2)对应"工业化 – 去工业化 – 产业结构稳定"三个产业结构阶段,劳动份额呈现"下降 – 上升 – 下降"的变化趋势,要素替代弹性的产业间差异可使劳动力由农业向工业、由工业向服务业流动,产业结构转型效应又进一步影响劳动份额,这可以解释我国 20 世纪 90 年代开始的劳动份额下降和 2007 年以后的劳动份额上升现象。(3)提高政府基础研究支出比例会推动经济增长,而政府补贴对私人部门研发支出具有挤出效应;政府消费性公共支出会抑制政府基础研究对经济增长的推动作用,选择税率分别为 10%、20% 和 30% 的数值模拟结果印证这一结论。

10.2 建议

2020 年初爆发的新冠肺炎疫情给中国经济增长按下"暂停键",不过,由于统筹防疫得力和逆周期政策调节,中国经济逐季改善。根据本书的测算,当前我国经济增长中枢尚处于正常运行区间。但是,受外部环境、政策退出等不确定因素干扰,保持潜在产出平稳持续增长,构建"双循环"新发展格局仍面临着诸多风险和挑战。为此,应着力从以下五方面完善政策体系。

第一,金融政策方面,警惕金融周期对实体经济周期的叠加效应,努力防范和化解区域性金融风险,最大程度减轻资产市场顺周期性对实体经济的冲击。(1)随着全球经济缓慢复苏,尤其是在发达经济体开启新一轮刺激政策的环境下,国际油价回暖,应强加通胀预期管理,引导企业优化存货调整,有效降低存货波动对产出波动的影响,即使实际产出增速略有回落,也不轻言强刺激。(2)健全货币政策和宏观审慎政策"双支柱"调控框架,完善金融治理,减轻去杠杆过程中资产价格下跌和信贷紧缩对真实有效需求的压制。

第二,财税政策方面,本着推动有效市场与有为政府更好结合的宗旨,规范政府获得收入行为和补贴政策,建立减税降负的长效机制。(1)深化"放管服"改革,激发民营经济活力,促进民间投资增速回升。适当弱化一般性、竞争性研发项目研发补贴,全面推进并优化市场准入负面清单制度,清理精简行政许可和变相审批,改善营商环境,稳定企业预期。(2)着力改善教育和卫生支出结构,破除职业教育(培训)、医疗卫生等领域的投资障碍,鼓励各类资本有序进退,提高校企一体化办学水平,夯实人力资本积累质量,为高端装备制造业和生产性服务业发展注入活力。

第三,产业政策方面,鼓励企业通过各种方式推进资本体现式技术进步和应用创新,提高存量资本利用率,从而减少为经济增长"托底"所需积累的物质资本,缓解稳增长对投资的过度依赖。(1)抓住第四次工业革命的契机,瞄准国计民生领域前沿,遵循产业内资本有机构成演进的内在特征,确保"卡脖子"领域资本持续高效投入。(2)提升农业机械化、自动化和智能化水平,助力农业规模化经营,提高投入产出效率。(3)借助5G、云计算、物联网和"互联网+"等形式,探索具有地方特色的健康管理服务、银色经济,推动大健康产业发展,减轻人口老龄化对潜在增长率的冲击。

第四,科技政策方面,多渠道支持基础研究,创新要素激励机制和科研管理制度,加强政策协同。(1)增强关键技术识别和产业融合,完善知识产权保护和设备质量监测。尤其是要加强基础性、前瞻性科学研究的支持力度,优先发展符合国家重大战略方向的基础研究领域,引导基础研究更好地为国家目标服务。(2)引导和鼓励企业、其他社会力量加大对基础研究支出强度,积极促进高校、科研院所与企业开展基础研究领域的产学研协同创新,提升科研人员原始创新与创造能力,形成多层次、多渠道的支持格局。

第五,收入政策方面,坚持初次分配和再分配调节并重,稳定劳动报酬在初次分配中的比重,提升再分配过程中居民部门的比重。(1)减少市场扭曲,消除体制障碍和市场壁垒,加快形成企业自主经营、公平竞争和要素自由流动、平等交换的现代市场体系,保障要素参与分配的机会公平性和市场评价的有效性。(2)完善工资制度,健全工资正常增长机制,将劳动力要素市场化改革和工资市场化改革结合起来,充分发挥职工工会集体协商机制和内部治理机制,扩大中等收入群体。(3)鼓励企业年金发展,加快构建多层次的社会保障体系,增强多层次多样化供给能力,健全基本养老服务。

参考文献

白重恩,钱震杰,2009.国民收入的要素分配:统计数据背后的故事[J].经济研究,44(3):27-41.

白重恩,张琼,2014.中国的资本回报率及其影响因素分析[J].世界经济,37(10):3-30.

边雅静,2011.物质资本与人力资本的最优比例关系研究[M].北京:中国经济出版社.

蔡昉,2004.中国就业统计的一致性:事实和政策涵义[J].中国人口科学(3):2-10.

蔡昉,2016.认识中国经济减速的供给侧视角[J].经济学动态(4):14-22.

蔡群起,龚敏,2017.中国经济周期的波动特征分析:基于中美日韩的比较[J].经济问题探索(4):18-25.

陈昆亭,龚六堂,2004.中国经济增长的周期与波动的研究:引入人力资本后的RBC模型[J].经济学(季刊),3(4):803-818.

陈磊,孔宪丽,2007.转折点判别与经济周期波动态势分析:2007年经济景气形式分析与预测[J].数量经济技术经济研究(6):3-13.

陈诗一,刘朝良,冯博,2019.资本配置效率、城市规模分布与福利分析[J].经济研究(2):133-147.

陈彦斌,陈小亮,陈伟泽,2014.利率管制与总需求结构失衡[J].经济研究,49(2):18-31.

成力为,郭园园,2016.中国基础研究投资的严峻态势及投资强度影响因素的跨国分析[J].研究与发展管理,28(5):63-70.

戴天仕,徐现祥,2010.中国的技术进步方向[J].世界经济,33(11):54-

70.

樊茂清,2017.中国产业部门产能利用率的测度及影响因素研究[J].世界经济,40(9):3-26.

范子英,张军,2009.财政分权与中国经济增长的效率:基于非期望产出模型的分析[J].管理世界(7):15-25,187.

方福田,孙永君,2009.总需求和总供给冲击对我国失业和产出动态关系的影响因素分析[J].经济理论与经济管理,12:5-12.

阿格因,豪伊特,2011.增长经济学[M].杨斌,译.北京:中国人民大学出版社.

高铁梅,范晓非,2011.中国劳动力市场的结构转型与供求拐点[J].财经问题研究(1):22-31.

龚刚,杨琳,2002.我国生产能力利用率的估算[R].清华大学经济管理学院工作论文, No.200216.

龚敏,谢攀,李文溥,2016.中国资本利用率、企业税负与结构调整:基于内生化资本利用率的视角[J].学术月刊,48(10):55-66.

郭晗,任保平,2014.结构变动、要素产出弹性与中国潜在经济增长率[J].数量经济技术经济研究,31(12):72-84.

郭红兵,陈平,2010.基于SVAR模型的中国产出缺口估计及评价[J].数量经济技术经济研究,27(5):116-128.

国际货币基金组织,2015.世界经济展望:不均衡的增长——短期和长期因素[R].美国:华盛顿.

郭庆旺,贾俊雪,2004.中国潜在产出与产出缺口的估算[J].经济研究(5):31-39.

郭学能,卢盛荣,2018.供给侧结构性改革背景下中国潜在经济增长率分析[J].经济学家(1):29-40.

郭迎锋,顾炜宇,乌天玥,等,2016.政府资助对企业R&D投入的影响:来自我国大中型工业企业的证据[J].中国软科学(3):162-174.

国家发展改革委经济研究所课题组,2016.重点领域改革释放红利的历史经验和未来趋势[J].宏观经济研究(7):29-47.

韩国高,高铁梅,王立国,等,2011.中国制造业产能过剩的测度、波动及成因研究[J].经济研究,46(12):18-31.

郝枫,2012.劳动份额"$\sqrt{}$型"演进规律[J].统计研究,29(6):33-40.

何蕾,2015.中国工业行业产能利用率测度研究:基于面板协整的方法[J].产业经济研究(2):90-99.

黄晶,2017.非线性增长与经济增长动力转换[J].技术经济(11):106-112.

黄先海,刘毅群,2008.设备投资、体现型技术进步与生产率增长:跨国经验分析[J].世界经济(4):47-61.

黄先海,徐圣,2009.中国劳动收入比重下降成因分析:基于劳动节约型技术进步的视角[J].经济研究,44(7):34-44.

江飞涛,耿强,吕大国,等,2012.地区竞争、体制扭曲与产能过剩的形成机理[J].中国工业经济(6):44-56.

靖学青,2013.中国省际物质资本存量估计:1952—2010[J].广东社会科学(2):46-55.

赖德胜,纪雯雯,2015.人力资本配置与创新[J].经济学动态(3):22-30.

赖明勇,张新,彭水军,等,2005.经济增长的源泉:人力资本、研究开发与技术外溢[J].中国社会科学(2):32-46,204-205.

李翀,2019.关于生产资料生产优先增长规律适用性的研究[J].中国经济问题(6):3-16.

李翀,2020.在新的历史条件下对资本有机构成趋向提高规律的再认识[J].当代经济研究(1):11-21,112.

李稻葵,刘霖林,王红领,2009.GDP中劳动份额演变的U型规律[J].经济研究,44(1):70-82.

李稻葵,徐翔,2015.二元经济中宏观经济结构与劳动收入份额研究[J].经济理论与经济管理(6):21-28.

李小平,李小克,2018.偏向性技术进步与中国工业全要素生产率增长[J].经济研究,53(10):82-96.

林建浩,王美今,2013.中国宏观经济波动的"大稳健":时点识别与原因分析[J].经济学(季刊),12(2):577-604.

林毅夫,2016.中国经济下滑更多的是外部影响[J].上海国资(4):60-61

林毅夫,2018.中国经济增长变化趋势与成因[J].学习与探索(4):1-4,174-175.

林毅夫,巫和懋,邢亦青,2010."潮涌现象"与产能过剩的形成机制[J].经济研究,45(10):4-19.

刘金全,张鹤,2004.我国经济中"托宾效应"和"反托宾效应"的实证检验[J].管理世界(5):18-24,32.

刘瑞凝,张倩倩,邹金晖,2019.数字普惠金融对实体经济资本配置效率的影响[J].当代经济(12):52-56.

刘桑,张鸿武,王珂英,2014.中国实际产出的周期性波动:冲击类型与动态特征[J].财政研究(9):44-47.

刘元春,陈彦斌,2013.我国经济增长趋势和政策选择[J].中国高校社会科学(5):109-125,158-159.

刘元春,杨丹丹,2016.市场失灵、金融危机与现有潜在产出测算的局限[J].经济学动态(8):4-12.

柳卸林,何郁冰,2011.基础研究是中国产业核心技术创新的源泉[J].中国软科学(4):104-117.

娄峰,2015.中国产出缺口测度、比较及稳健性分析[J].当代财经(11):13-24.

陆菁,刘毅群,2016.要素替代弹性、资本扩张与中国工业行业要素报酬份额变动[J].世界经济,39(3):118-143.

陆军,舒元,2002.货币政策无效性命题在中国的实证研究[J].经济研究(3):16-19.

陆旸,蔡昉,2016.从人口红利到改革红利:基于中国潜在增长率的模拟[J].世界经济,39(1):3-23.

罗德明,李晔,史晋川,2012.要素市场扭曲、资源错置与生产率[J].经济研究,47(3):4-14,39.

罗毅丹,徐俊武,2010.过剩产能与通货膨胀的关系分析:基于包含随机波动的 TVP 模型考察[J].中南财经政法大学学报(2):15-20.

罗长远,张军,2009.经济发展中的劳动收入占比:基于中国产业数据的实证研究[J].中国社会科学(4):65-79,206.

马红旗,徐植,2016.中国物质资本与异质劳动之间的替代:理论分析与经验估计[J].经济评论(1):3-12.

马文涛,魏福成,2011.基于新凯恩斯动态随机一般均衡模型的季度产出缺口测度[J].管理世界(5):39-65.

孟望生,王询,李井林,2015.人力资本和物质资本对经济增长的贡献变化:逻辑推理与中国省级面板数据的实证检验[J].经济与管理研究(6):56-66.

彭方平,展凯,李琴,2008.流动性过剩与央行货币政策有效性[J].管理世界(5):30-37.

彭俞超,方意,2016.结构性货币政策、产业结构升级与经济稳定[J].经济研究,51(7):29-42,86.

钱万强,林克剑,闫金定,等,2017.主要发达国家基础研究发展策略及对我国的启示[J].科技管理研究,37(12):37-41.

乔红芳,沈利生,2015a.要素合理配置视角下中国潜在产出的测算[J].宏观经济研究(12):38-50.

乔红芳,沈利生,2015b.中国人力资本存量的再估算:1978—2011年[J].上海经济研究(7):36-45.

"人力资本结构研究"课题组,2012.人力资本与物质资本的匹配及其效率影响[J].统计研究(4):32-38.

任韬,孙潇筱,褚晓琳,2020.重点行业资本配置扭曲对中国全要素生产率的影响[J].经济与管理研究(1):63-77.

单豪杰,2008.中国资本存量K的再估算:1952—2006年[J].数量经济技术经济研究,25(10):17-31.

沈坤荣,2013.中国经济增速趋缓的成因与对策[J].学术月刊,45(6):95-100.

沈利生,1999.我国潜在经济增长率变动趋势估计[J].数量经济技术经济研究(12):3-6.

沈利生,朱运法,1999.人力资本与经济增长分析[M].北京:社会科学文献出版社.

盛松成,吴培新,2008.中国货币政策的二元传到机制:"两中介目标、两调控对象"模式研究[J].经济研究,43(10):37-51.

宋冬林,王林辉,董直庆,2011.资本体现式技术进步及其对经济增长的贡献率(1981—2007)[J].中国社会科学(2):91-106,222.

汤铎铎,2007.三种频率选择滤波及其在中国的应用[J].数量经济技术经济研究,24(9):144-156.

田国强,2018.中国经济增长下滑的原因[J].学习与探索(4):5－12,2.

万钢,2013.加强基础研究提升原创能力[J].中国软科学(8):1－2.

王宝顺,Lucy Minford,2017.创业、经济增长与税收政策[J].中南财经政法大学学报,(3):80－88.

王海燕,梁洪力,周元,2017.关于中国基础研究经费强度的几点思考[J].中国科技论坛(3):5－11.

王金营,2002.1978年以来中国三次产业从业人员受教育水平估计[J].人口研究(3):70－76.

王军,张一飞,2016.政府研发补贴对企业创新以及经济增长的影响:理论依据与政策选择[J].经济社会体制比较(5):1－11.

王林辉,袁礼,2014.资本错配会诱发全要素生产率损失吗?[J].统计研究(8):11－18.

王少平,胡进,2009.中国GDP的趋势周期分解与随机冲击的持久效应[J].经济研究,44(4):65－76.

王宋涛,魏下海,涂斌,等.2012.收入差距与中国国民劳动收入变动研究:兼对GDP中劳动份额U型演变规律的一个解释[J].经济科学(6):33－47.

王霞,郑挺国,2010.中国产出缺口的实时估计及其可靠性研究[J].经济研究,45(10):129－142.

王晓霞,白重恩,2014.劳动收入份额格局及其影响因素研究进展[J].经济学动态(3):107－115.

王旭辉,2014.区域人力资本配置、科技创新对经济增长的作用机理研究[J].改革与战略(11):19－23.

王亚芬,2012.公共资本对产出及私人资本的动态冲击效应研究[J].数学的实践与认识,42(5):37－43.

卫平,杨宏呈,蔡宇飞,2013.基础研究与企业技术绩效:来自我国大中型工业企业的经验证据[J].中国软科学(2):123－133.

吴国培,王伟斌,张习宁,2015.新常态下的中国经济增长潜力分析[J].金融研究(8):46－63.

向松祚,2016.中国经济能否实现第二次历史性跨越[N].时代周报,9－20.

项本武,2008.中国经济的动态效率:1992—2003[J].数量经济技术经济研究(3):79－88.

徐朝阳,2010.工业化与后工业化:"倒U型"产业结构变迁[J].世界经济,33(12):67-88.

徐现祥,周吉梅,舒元,2007.中国省区三次产业资本存量估计[J].统计研究(5):6-13.

许伟,陈斌开,2009.银行信贷与中国经济波动:1993—2005[J].经济学(季刊),8(3):969-994.

许岩,曾国平,曹跃群,2017.中国人力资本与物质资本的匹配及其时空演变[J].当代经济科学,39(2):21-30.

许召元,2005.中国的潜在产出、产出缺口及产量——通货膨胀交替关系:基于"Kalman滤波"方法的研究[J].数量经济技术经济研究(12):3-15.

严成樑,2009.政府研发投资与长期经济增长[J].经济科学(2):45-59.

严成樑,胡志国,2013.创新驱动、税收扭曲与长期经济增长[J].经济研究,48(12):55-67.

杨光,2012.中国设备利用率与资本存量的估算[J].金融研究(12):54-66.

杨建芳,龚六堂,张庆华,2006.人力资本形成及其对经济增长的影响:一个包含教育和健康投入的内生增长模型及其检验[J].管理世界(5):10-18.

杨立岩,潘慧峰,2003.人力资本、基础研究与经济增长[J].经济研究(4):72-78,94.

杨天宇,黄淑芬,2010.基于小波降噪方法和季度数据的中国产出缺口估计[J].经济研究,45(1):115-126.

杨旭,李隽,王哲昊,2007.对我国潜在经济增长率的测算:基于二元结构奥肯定律的实证分析[J].数量经济技术经济研究,24(10):14-23.

易信,郭春丽,2018.未来30年中国潜在增长率变化趋势及2049年发展水平预测[J].经济学家(2):36-45.

殷德生,2014.经济转型中的潜在增长率变化与新一轮"开放促改革"的突破口[J].华东师范大学(哲学社会科学版),46(5):146-155,182-183.

于立,张杰,2014.中国产能过剩的根本成因与出路:非市场因素及其三步走战略[J].改革(2):40-51.

于泽,章潇萌,刘凤良,2015.我国产业结构变迁与劳动收入占比的演化[J].中国人民大学学报,29(4):80-91.

余永定,2016.建议政府再次大规模刺激[N].光明网,01-28.

岳书敬,2011.基于低碳经济视角的资本配置效率研究:来自中国工业的分析与检验[J].数量经济技术经济研究,(4):110-123.

张杰,周晓艳,李勇,2011.要素市场扭曲抑制了中国企业R&D?[J].经济研究,46(8):78-91.

张金清,赵伟,2009.开放经济条件下我国潜在产出水平的估算与解析:基于新凯恩斯主义的理论框架[J].数量经济技术经济研究,26(1):67-76.

张军,2016.中国经济放缓 为何失业率却在下降?[N].观察者网,04-20.

张军,吴桂英,张吉鹏,2004.中国省际物质资本存量估算:1952—2000[J].经济研究(10):35-44.

张连城,韩蓓,2009.中国潜在经济增长率分析:HP滤波平滑参数的选择及应用[J].经济与管理研究(3):22-28+86.

张炜,吴建南,徐萌萌,等,2016.基础研究支出:政策缺陷与认识误区[J].科研管理,37(5):87-93.

张卫平,李天栋,2012.中国的货币在长期是中性的吗?:基于Fisher-Seater定义的研究[J].经济研究(4):89-100.

张雪芳,戴伟,2016.金融发展及其市场化是否提高了实体经济资本配置效率:基于省际面板数据的实证分析[J].现代财经(10):3-13.

张延,2010.中国经济是动态无效率的吗?:世代交叠模型对1994—2008年中国数据的实证检验[J].中央财经大学学报(1):55-59,80.

赵昕东,2008a.基于SVAR模型的中国产出缺口估计与应用[J].经济评论(6):90-95,108.

赵昕东,2008b.基于菲利普斯曲线的中国产出缺口估计[J].世界经济,31(1):51-64.

赵志耘,吕冰洋,郭庆旺,等,2007.资本积累与技术进步的动态融合:中国经济增长的一个典型事实[J].经济研究(11):18-31.

"中国季度宏观经济模型(CQMM)"课题组,2018.贸易摩擦背景下的中国经济增长走势判断:2018—2019年中国宏观经济再展望[J].厦门大学学报:哲学社会科学版(6):84-92.

中国经济增长前沿课题组,2012.中国经济长期增长路径、效率与潜在增长水平[J].经济研究,47(11):4-17,75.

中国社会科学院财经战略研究院课题组,2014.产能过剩的测量、成因及其对经济增长的影响[J].经济研究参考(3):25-38.

中国社会科学院经济研究所经济增长前沿课题组,2004.财政政策的供给效应与经济发展[J].经济研究(9):4-17.

周明海,姚先国,2012.功能性和规模性收入分配的内在联系:模式比较与理论构建[J].经济学动态(9):20-29.

朱迎春,2017.我国基础研究经费投入与来源分析[J].科学管理研究,35(4):20-23.

祝梓翔,邓翔,2017a.季度数据比较和混合动力模型测试[J].管理世界(9):27-41.

祝梓翔,邓翔,2017b.时变视角下中国经济波动的再审视[J].世界经济(7):3-27.

宗振利,廖直东,2014.中国省际三次产业资本存量再估算:1978—2011[J].贵州财经大学学报(3):8-16.

邹沛江,2013.奥肯定律在中国真的失效了吗?[J].数量经济技术经济研究(6):91-105.

ACEMOGLU D,GUERRIERI V,2008. Capital deepening and nonbalanced economic growth[J]. Journal of political economy,116(3):467-498.

ANDERTON R, ARANKI T, DIEPPE A,et al. ,2014. Potential output from a euro area perspective [R]. European central bank occasional paper series,No. 156.

ANTONELLI C, QUATRARO F, 2010. The effects of biased technological change on total factor productivity: empirical evidence from a sample of OECD countries[J]. Journal of technology transfer,35(4): 361-383.

ANXO D,BOSCH G,BOSWORTH D,et al. ,1995. Work patterns and capital utilisation: an international comparative study [C]. Boston: Kluwer Academic Publishers.

BAHK B H,GORT M,1993. Decomposing learning by doing in new plants[J]. Journal of political economy,101(4): 561-583.

BARRO R J,1977. Unanticipated monetary growth and unemployment in the United States [J]. American economic review,67(2):101-115.

BARRO R J,2006. Rare disasters and asset markets in the twentieth century

[J]. The quarterly journal of economics,121(3):823-866.

BARRO R J, RUSH M, 1980. Unanticipated money and economic activity [M]//FISHER S, Rational expectations and economic policy. Chicago: University of Chicago Press: 23-73.

BAUMOL W J, 1967. Macroeconomics of unbalanced growth: the anatomy of urban crisis[J]. The American economic review,57(3):415-426.

BAXTER M, KING R G, 1999. Measuring business cycles: approximate band-pass filters for economic time series[J]. Review of economics & statistics,81(4): 575-593.

BEATRIZ RUMBOS, LEONARDO AUERNHEIMER, 2001. Endogenous capital utilization a neoclassical economic growth model[J]. Atlantic economic journal,29 (2): 121-134.

BEAULIEU J J, MATTEY J, 1998. The workweek of capital and capital utilization in manufacturing[J]. Journal of productivity analysis,10:199-223.

BENES J, CLINTON K, GARCIA-SALTOS R, et al., 2010. Estimating potential output with a multivariate filter[R]. IMF working papers, No. 10/285.

BERGER T, EVERAERT G, 2008. Unemployment persistence and the NAIRU: a Bayesian approach [J]. The scottish journal of political economy,55(3):281-299.

BERNDT E, MORRISON C, 1981. Capacity utilization measures: underlying economic theory and alternative approach [J]. The American economic review,71 (2):48-52.

BEVERIDGE S, NELSON C R, 1981. A new approach to decomposition of economic time series into permanent and transitory components with particular attention to measurement of the 'business cycle'[J]. Journal of monetary economics,7(2): 151-174.

BIGGS M, MAYER T, 2010. The output gap conundrum[J]. Intereconomics: review of European economic policy,45(1):11-16.

BLAGRAVE P, GARCIA S R, LAXTON D, et al., 2015. A simple multivariate filter for estimating potential output[R]. IMF working papers(79), A001.

BLANCHARD O, QUAH D, 1989. The dynamic effects of aggregate supply and demand disturbances [J]. American economic review,79:655 – 673.

BORIO C, DISYATAT P, JUSELIUS M, 2013a. Rethinking potential output: embedding information about the financial cycle[J]. Oxford economic papers,69 (3):655 – 677.

BORIO C, DISYATAT P, JUSELIUS M,2013b. A parsimonious approach to incorporating economic information in measure of potential output [R]. BIS working paper, No. 442.

BOUCEKKINE R, RÍO F D, LICANDRO O,2003. Embodied technological change,learning-by-doing and the productivity slowdown[J]. Scandinavian journal of economics,105(1): 87 – 98.

BULLARD J,KEATING J W,1995. The long run relationship between inflation and output in postwar economies [J]. Journal of monetary economics,36:477 – 496.

BURNS A F, MITCHELL W C,1946. Measuring business cycles [M]. New York:NBER.

BURNSIDE M S,EICHENBAUM M S. REBELO S T,1993. Labor hoarding and the business cycle[J]. Journal of political economy,101(2):245 – 273.

CALVO G A,1975. Efficient and optimal utilization of capital services[J]. The American economic review,65(1):181 – 186.

CALVO G A, 1983. Staggered prices in a utility maximizing framework [J]. Journal of monetary economics,12(3):383 – 398.

CAMBA-MENDEZ G,RODRIGUEZ-PALENZUELA D,2003. Assessment criteria for output gap estimates[J]. Economic modelling,20:529 – 562.

CANOVA F,DE NICOLò,2002. Monetary disturbances matter for business fluctuations in the G-7[J]. Journal of monetary economics,49(6):1131 – 1159.

CHATTERJEE S,2005. Capital utilization,economic growth and convergence [J]. Journal of economic dynamics and control,29(12):2093 – 2124.

CHECCHI D,GARCÍA-PEÑALOSA C,2008. Labour market institutions and income inequality[J]. Economic policy,23(56):602 – 649.

CHOW C,LI K W,2002. China's economic growth: 1952—2010[J]. Economic development and cultural change,51:247 – 286.

CHOW C,1993. Capital formation and economic growth in China[J]. Quarterly journal of economics,108:809 – 842.

CHRISTIANO L J,FITZGERALD T J,2003. The band pass filter[J]. International economic review,44(2):435 – 465.

CLAESSENS S,KOSE M,TERRONES M,2012. How do business and financial cycles interact? [J]. Journal of international economics,87(1):178 – 190.

CLARK P K,1987. The cyclical component of U. S. economic activity[J]. Quarterly journal of economics,102(4):797 – 814.

CUMMINS J G,VIOLANTE L G,2002. Investment-specific technical change in the US (1947—2000): measurement and macroeconomics consequences[J]. Review of economic dynamics,5(2): 243 – 284.

DALGAARD C,2003. Idle capital and long-run productivity[J]. Contributions in macroeconomics,3(1):1 – 42.

DAUDEY E,GARCÍA-PEÑALOSA C,2007. The personal and the factor distributions of income in a cross-section of countries[J]. The journal of development studies,43(5):812 – 829.

ECHEVARRIA C,1997. Changes in sectoral composition associated with economic growth[J]. International economic review,38(2):431 – 452.

EDGE R M,KILEY M T,LAFORTE J P,2008. Natural rate measures in an estimated DSGE model of the U. S. economy[J]. Journal of economic dynamics and control,32(8):2512 – 2535.

ELSBY M,HOBIJN B,SAHIN A,2013. The decline of the U. S. labor share [J]. Booking papers on economic activity,2:1 – 63.

FELIPE J,1997. Total factor productivity growth in East Asia: a critical survey [J]. The journal of development studies,35(4):1 – 41.

FLEISHER B M,CHEN J,1997. The coast-noncoast income gap, productivity and regional economic policy in China[J]. Journal of comparative economics,25 (2):220 – 236.

FRIEDMAN M, SCHWARTZ A J, 1963. A monetary history of the United States: 1867 – 1960 [D]. Princeton university.

FUHRER J,MOORE G,1995. Inflation persistence [J]. Quarterly journal of economics,109: 127 – 159.

GALÍ J,2002. New perspectives on monetary policy inflation,and the business cycle [R]. CEPR discussion papers,85(4):493 – 644.

GARCIA – CICCO J,PANCRAZI R,URIBE M,2010. Real business cycles in e-merging countries? [J]. The American economic review,100(5): 2510 – 2531.

GAROFALO G A,MALHOTRA D M,1997. Regional measures of capacity utilization in the 1980s[J]. Review of economics and statistics,79(3):415 – 421.

GORDON R J,1990. The measurement of durable goods prices[J]. The economic journal,101(407):1002 – 1003.

GREENWOOD J,HERCOWITZ Z,HUFFMAN G,1988. Investment,capacity utilization and the real business cycle[J]. The American economic review,78:402 – 417.

GREENWOOD J,HERCOWITZ Z,KRUSELL P,1997. Long-run implications of investment-specific technological change[J]. The American economic review,87(3): 342 – 362.

GREENWOOD J,HERCOWITZ Z,KRUSELL P,2000. The role of investment-specific technological change in the business cycle[J]. European economic review,44(1): 91 – 115.

HARDING D,PAGAN A,2002. Dissecting the cycle: a methodological investigation [J]. Journal of monetary economics,49:365 – 381.

HARVEY A C,1985. Trends and cycles in macroeconomic time series[J]. Journal of business & economic statistics,3(3):216 – 227.

HECKMAN J J,2005. China's human capital investment[J]. China economic review,16(1):50 – 70.

HIROSE Y,NAGANUMA S,2007. Structural estimation of the output gap: a Bayesian DSGE approach for the U. S. economy[R]. Bank of Japan working paper series, No. 07 – E – 24.

HODRICK R J,PRESCOTT E C,1997. Post – war U. S. business cycles: an empirical investigation[J]. Journal of money,credit and banking,29(1):1 – 16.

HOLZ A,2005. The quantity and quality of labor in China 1978 – 2000 – 2025 [R]. Hong Kong University of Science & Technology,Manuscript.

HSIEH C T,KLENOW P J,2009. Misallocation and manufacturing TFP in China and India[J]. Quarterly journal of economics,124(4):1403 – 1448.

HUANG Y P,TAO K Y,2011. Causes of and remedies for the People's Republic of China's external imbalances: the role of factor market distortion[R]. SSRN electronic journal,10. 2139/ssrn. 1810682.

HULTEN C R,1992. Growth accounting when technical change is embodied in capital[J]. The American economic review,82(4): 964 – 980.

HUMPHREY J,SCHMITZ H,2002. Does insertion in global value chains affect upgrading in industrial clusters[J]. Regional studies,36(9): 1017 – 1027.

IACOBUCCI A,NOULLEZ A,2005. A frequency selective filter for short-length time series[J]. Computational economics,25:75 – 102.

IRMEN A,KLUMP R,2009. Factor substitution, income distribution and growth in a generalized neoclassical model[J]. German economic review,10(11):464 – 479.

ANDRÉS J, LÓPEZ-SALIDO J D,NELSON E,2005. Sticky-price models and the natural rate hypothesis[J]. Journal of monetary economics,52(5):1025 – 1053.

JONES C,1995. R&D-based models of economic growth[J]. Journal of political economy,103(4):759 – 784.

KARABARBOUNIS L,NEIMAN B,2014. The global decline of the labor share [J]. The quarterly journal of economics,129(1):61 – 103.

KILEY M T,2013. Output gaps[J]. Journal of macroeconomics,37:1 – 18.

KLUMP R, GRANDVILLE O D L,2000. Economic growth and the elasticity of substitution: two theorems and some suggestions[J]. The American economic review,90(1):282 – 291.

KONGSAMUT P,REBELO S,XIE D,1997. Beyond balanced growth[J]. Review of economic studies,68(4):869 – 882.

KORTUMS,1997. Research,patenting,and technological change[J]. Econometrica,65(6):1389 – 1419.

KOSEMPEL S,2004. A theory of development and long run growth[J]. Journal of development economics,75(1):201 – 220.

Martner R,1998. Fiscal policy,cycles and growth [R]. CEPAL review,64:75 – 92.

LICANDRO O,PUCH L A,RUIZ – TAMARIT J R,2001. Optimal growth under endogenous depreciation,capital utilization and maintenance costs[J]. Investigaciones economicas,25(3):543 – 559.

LLOYD – ELLIS H,1999. Endogenous technological change and wage inequality[J]. American economic review,89(1):47 – 77.

LUCAS R,1988. On the mechanism of economic development[J]. Journal of monetary economics,22(1):1 – 42.

LUCAS R,1990. Capacity, overtime and empirical production function[J]. The American economic review,60:23 – 27.

MANKIW N G,ROMER D,WEIL D N,1992. A contribution to the empirics of economic growth[J]. The quarterly journal of economics,2:407 – 437.

MARC – ANDRE,2004. Capital utilization and habit formation in a small open economy model[J]. Canadian journal of economics,37(3):721 – 741.

MATTHIEU L, GIAN LUIGI M, MONPERRUS-VERONI P,et al. , 2008. Real time estimation of potential output and output gap for the euro-area: comparing production function with unobserved components and SVAR approaches[R]. MPRA Paper, No. 13128.

MCDERMOTT C J,SCOTT A,2000. Concordance in business cycles[R]. IMF working papers, No. 2000/037.

MISHKIN F S,1982. Does anticipated policy matter? An econometric investigation [J]. Journal of political economy,90(1):22 – 51.

NAKAJIMA J,2011. Time-varying parameter VAR model with stochastic volatility: an over-view of methodology and empirical applications [J]. Monetary and economic studies,29:107 – 142.

OKUN A M,1962. Potential GNP: its measurement and significance[C]//Proceedings of the business and economic statistics section of the American Statistical Association, Alexandria:89 – 104.

ORR J,1989. The average workweek of capital in manufacturing,1952—1984 [J]. Journal of the American Statistical Association,84(405):88 – 94.

PALIVOS T,KARAGIANNIS G,2010. The elasticity of substitution as an engine of growth[J]. Macroeconomic dynamics,14(5):617 – 628.

PAPAGEORGIOU C, PEREZ-SEBASTIAN F, 2006. Dynamics in a non-scale R&D growth model with human capital: explaining the Japanese and South Korean development experiences[J]. Journal of economic dynamics & control, 30(6):901 – 930.

PARK W G, 2004. A theoretical model of government research and growth[J]. Journal of economic behavior & organization, 34(1):69 – 85.

PRETTNER K, WERNER K, 2014. Human capital, basic research, and applied research: three dimensions of human knowledge and their differential growth effects [R]. University of Göttingen working papers in economics, No. 186.

PRIMICERI G E, 2005. Time varying structural vector autoregressions and monetary policy [J]. The review of economic studies, 72(3): 821 – 852.

RAVN, MORTEN O, UHLIG, et al., 2001. On adjusting the HP-filter for the frequency of observations[J]. CEPR discussion papers, 84(5):371 – 376.

REIFSCHNEIDER D, WASCHER W L, WILCOX D W, 2015. Aggregate supply in the United States: recent developments and implications for conduct of monetary policy[J]. IMF economic review, 63(1):71 – 109.

RESTUCCIA D, ROGERSON R, 2013. Misallocation and productivity[J]. Review of economic dynamics, 16(1):1 – 10.

ROMER P, 1990. Endogenous technological change[J]. Journal of political economy, 98(5):S71 – S102.

RUMBOS B, AUERNHEIMER L, 2001. Endogenous capital utilization in a neoclassical growth model[J]. Atlantic economic journal, (29):121 – 134.

SAAM M, 2008. Openness to trade as a determinant of the macroeconomic elasticity of substitution[J]. Journal of macroeconomics, 30(2):691 – 702.

SAKELLARIS P, WILSON D J, 2004. Quantifying embodied technological change[J]. Review of economic dynamics, 7(1):1 – 26.

SAMANIEGO R M, 2007. R&D and growth: the missing link? [J]. Macroeconomic dynamics, 11(5):691 – 714.

SCACCIAVILLANI F, SWAGEL P, 2002. Measures of potential output: an application to Israel[J]. Applied economics, 34(8):945 – 957.

SEGERSTROM P, 1998. Endogenous growth without scale effects[J]. American economic review,88(5):1290 - 1310.

SENER F,2008. R&D policies, endogenous growth and scale effects[J]. Journal of economic dynamics and control,32(12):3895 - 3916.

SHAIKH A, MOUDUD J K, 2004. Measuring capacity utilization in OECD countries: a cointegration method[R]. The levy economics institute of bard college working paper, No. 415.

SHAPIRO M,1986. Capital utilization and capital accumulation: theory and evidence[J]. Journal of applied econometrics,1(3):211 - 234.

SHARIF Md. R, WEN Y, BING Z,2015. Wavelet: a new tool for business cycle analysis[R]. Federal reserve bank of St. Louis working papers, No. 2005 - 050.

SIMS C A,1992. Interpreting the macroeconomic time series facts: the effects of monetary policy [J]. European economic review,36(5): 975 - 1000.

SIMS C A, ZHA T,2006. Were there regime switches in U. S. monetary policy? [J]. American economic review,96(1):54 - 81.

SMETS F, Wouters R,2003. An estimated stochastic dynamic general equilibrium model of the euro area[J]. Journal of the European economic association,1(5): 1123 - 1175.

SMITH K,1970. Risk and the optimal utilization of capital[J]. Review of economic studies,37:253 - 259.

SOLOW M R, 1957. Technical change and the aggregate production function [J]. The review of economics and statistics,39(3):312 - 320.

STOCK J H, WATSON M W,1989. Interpreting the evidence on money - income causality [J]. Journal of economic review,71(3): 393 - 410.

SZIRMAI A, TIMMER M, KAMP R V,2002. Measuring embodied technological change in Indonesian textiles: the core - machinery approach[J]. Journal of development studies,39(2):1 - 18.

TAJOLI L, FELICE G,2018. Global value chains participation and knowledge spillovers in developed and developing countries: an empirical investigation[J]. European journal of development research,30(4): 1 - 28.

TAUBMAN P, WILKINSON M,1970. User cost, capital utilization and investment theory[J]. International economic review,11:447 - 470.

TAYLOR J B, 1993. Discretion versus policy rules in practice[J]. Carnegie – rochester conference series on public policy, 39:195 – 214.

UHLIG H, 2005. What are the effects of monetary policy on output? Results from an agnostic identification procedure [J]. Journal of monetary economics, 2(2): 381 – 419.

VAN NORDEN S, 1995. Why is so hard to measure the current output gap? [R]. Macroeconomics 9506001, University Library of Munich, Germany.

VETLOV I, TIBOR HLÉDIK, JONSSON M, et al., 2011. Potential output in DSGE models[R]. Bank of Lithuania working paper series 9.

WALSH C E, 2010. Monetary theory and policy [M]. Massachusetts: Massachusetts Institute of Technology Press.

WOODFORD M, 2003. Interest and prices: foundations of a theory of monetary policy[M]. Princeton: Princeton University Press.

YOUNG A T, 2013. U. S. elasticities of substitution and factor augmentation at the industry level[J]. Macroeconomic dynamics, 17(4):861 – 897.

ZENG J, ZHANG J, 2007. Subsidies in an R&D growth model with elastic labor [J]. Journal of economic dynamics & control, 31(3):861 – 886.

ZHA T, 1997. Identifying monetary policy: a primer[J]. Economic reviews, 82(2):26 – 43.